MARTINA KITTLER

CRASHKURS BACKEN

SUPERSCHNELLER ERFOLG FÜR EINSTEIGER

SCHNELL BACKEN LERNEN

Damit Sie für Kuchen und Torten bestens gerüstet sind: die wichtigsten Helfer aus solidem Material, die jeden Handgriff beim Backen, Füllen und Verzieren erleichtern.

BEIM BACKEN NICHT IMPROVISIEREN

Backen macht Spaß. Aber so ganz aus dem Handgelenk, nur mit etwas Kreativität sind gelungene Kuchen eher Zufallsprodukte. Wer keine oder wenig Erfahrung mit dem Kuchenbacken hat, hält sich am besten genau an erprobte Rezepte. Wichtiges Utensil dabei ist eine gute Küchenwaage, die aufs Gramm genau wiegt – auch größere Mengen bis mindestens 2 kg, besser noch bis 5 kg. Ein Messbecher alleine reicht nicht aus, sollte aber nicht fehlen: Er ist vor allem für das Abmessen von Flüssigkeiten wichtig und sollte eine Feinskalierung für kleinere Mengen unter 1/8 l haben.

ZUBEHÖR FÜR ZUCKERBÄCKER

Für minutenlanges Schlagen von Eischnee oder Rühren und Kneten von Teig ist das elektrische Handrührgerät mit Schneebesen und Knethaken ein zeitsparendes Hilfsmittel. Zusätzlich braucht man einen Holz- oder Teiglöffel, mit dem man empfindliche Massen und Teige behutsamen mischen kann sowie möglichst zwei Schneebesen: einen großen, stabilen mit dünnen elastischen Drähten für flüssige Massen und einen kräftigen Schlagbesen, mit dem Sie auch dickflüssige Teige per Hand verrühren können. In standfesten Rührschüsseln aus stabilem Kunststoff, am besten mit gebogenem Rand zum Festhalten, werden Teige gerührt oder Creme, Eiweiß und Sahne geschlagen. Mit Hilfe von zwei feinen Sieben, groß und klein, kann man Mehl und Puderzucker gleichmäßig und fein sieben. Ein Teigschaber sorgt dafür, dass beim Umfüllen von Teig oder Creme alles vollständig aus der Schüssel gestreift werden kann. Auch ein Backpinsel ist notwendig, z.B. zum Auftragen von Glasur, Aufstreichen von Eigelb, Fetten der Form. Achten Sie darauf, dass der Pinsel nicht haart. Praktisch und besonders hygienisch ist ein Pinsel aus Silikon. Er verträgt auch große Hitze und darf in die Spülmaschine. Eine Teigrolle oder ein Nudelholz sollten Sie unbedingt haben – zum Ausrollen von Teigen, klar, aber auch zum Zerkleinern von Nüssen und Gewürzen. Gute Dienste leistet hier eine Rolle mit Silikonbeschichtung, weil nichts haften bleibt. Die gibt's auch mit hochklappbaren Griffen, besonders praktisch, wenn man Teig auf dem Blech ausrollt. Dafür können Sie aber auch eine spezielle kleine Backblechrolle nehmen – mit der können Sie den Teig gleichmäßig bis an den Rand und in die Ecken auswellen. Backpapier kann man zum Auslegen von Backformen oder -blechen nehmen, statt diese einzufetten. Das spart Zeit. Das Papier mit Antihaft-Wirkung (es ist mehrmals verwendbar!) verhindert, dass Gebäck anbackt. Zur Grundausrüstung gehört außerdem ein Kuchengitter oder -rost. Darauf kann Gebäck abkühlen, ohne unten feucht und klebrig zu werden.

SO GELINGT'S: FEINTUNING FÜR TORTEN

Eine Platte ohne Rand bietet eine sichere Unterlage für Kuchen oder Torten. Sie sollte mindestens 28 cm Durchmesser haben. Mit einer großen Palette, auch Glasurmesser genannt, lassen sich z.B. Füllungen, Cremes, Glasuren und Teige gut auftragen und glatt streichen. Dabei handelt es sich um eine Art breitschneidiges, aber stumpfes Universalmesser aus hochwertigem, biegsamem Stahl. Natürlich können Sie stattdessen auch ein großes, breites Messer nehmen. Wo die Klinge der Palette zum Glattstreichen zu lang und im Weg wäre, eignet sich ein Teigspatel oder -kärtchen aus Kunststoff mit glattem und gezacktem Rand. Außerdem lässt sich damit ein hübsches Zacken- oder Wellenmuster auf die Creme oder Glasur »zeichnen«. Perfekt wie von Meisterhand dekoriert sehen Sahne- oder Cremetupfer aus, wenn man sie mit einem Spritzbeutel mit verschiedenen Tüllen auf eine Torte spritzt oder Windbeutel damit formt. Am besten eignen sich Tüllen aus Edelstahl – sie sind stabil, lassen sich leicht reinigen und austauschen. Ein verstellbarer Tortenring aus Edelstahl hilft, Torten zu füllen und zusammenzusetzen.

CRASHKURS BACKEN

TEIG GUT IN FORM

Welche Form nehme ich für Rührkuchen, welche für Torten? Ob rund, länglich oder eckig – die Vielfalt ist groß, auch was das Material angeht. Hier eine Auswahl an Formen, mit der Sie beim Backen gut über die Runden kommen.

DIE GRUNDAUSSTATTUNG

In jede Küche gehört eine Springform mit 26 cm Durchmesser und abnehmbarem Rand. Meist dabei ist ein Einsatz für Kranzkuchen. Eine Napfkuchen-, Rondon- oder Gugelhupf-form (24 cm Durchmesser) sollte haben, wer Hefe- oder Rührkuchen schätzt. Das Besondere: Diese außen gerippte Form hat innen immer einen Schornstein, sodass auch in der Mitte genug Ofenhitze an den Teig gelangt. Eine Kasten- oder Königskuchenform in gängiger Größe (30 cm lang) eignet sich für klassische Rührkuchen und Brote aller Art. Mindestens ein Backblech wird bei jedem Herd gleich mitgeliefert. Und auch die emaillierte Fettpfanne (Universalpfanne) des Ofens, also das Blech mit etwas höherem Rand, kann man zum Backen gebrauchen, vor allem für saftige Obst- und Gemüsekuchen. Schließlich sollten Sie auch ein Muffins-blech mit 12 Vertiefungen besitzen – eine solche Form mit Geling-Garantie können Sie bereits für wenig Geld erstehen.

EIN BISSCHEN MATERIALKUNDE

Grundsätzlich haben Sie die Wahl zwischen dunklen und hellen Metallformen. Weißblech-Backformen sind besonders preiswert, haben aber zwei Nachteile: Sie korrodieren beim Kontakt mit Säure, z. B. aus Obst, und sie reflektieren einen Teil der Ofenhitze, statt sie an den Teig abzugeben. Effekt: Der Kuchen bleibt innen relativ lange roh. Bevorzugen Sie deshalb Formen aus Schwarzblech oder dunklem Stahlblech. Sie »schlucken« die Hitze quasi und leiten sie 1:1 an den Teig weiter. So garen die Kuchen gleichmäßig und bräunen intensiv. Optimal sind Formen mit einer zuverlässigen Anti-haft- oder Silikonbeschichtung und einer kratz- und schnitt-festen Oberfläche. Die sind zwar teurer als unbeschichtete, aber die Ausgabe lohnt sich: Darin bleibt nichts hängen, die Kuchen lassen sich gut herauslösen und die Formen lassen sich nach dem Backen leicht reinigen. Flexible Formen aus Silikon gibt es für Gebäck aller Art – vom Kastenkuchen bis zum Gugelhupf oder Muffin. Diese Formen sind Multitalente: Sie können darin backen, das Gebäck einfrieren und es anschließend auch darin in der Mikrowelle auftauen.

OBER- UND UNTERHITZE ODER HEISSLUFT?

Wichtig beim Backen: Die Ofentemperatur muss stimmen! Trauen Sie Ihrem Ofen nicht? Dann kaufen Sie ein Backofen-thermometer! Mit dem können Sie die Temperatur genau prüfen. Bei Ober- und Unterhitze wird die Wärme von oben und unten übertragen. Etwa 15 Minuten kann es dauern, bis beim Elektrobackofen die gewünschte Hitze erreicht ist. Gasbacköfen heizen schneller auf. Bei einem Heißluft- oder Umluft-Ofen bzw. bei entsprechender Einstellung wälzt ein Ventilator die heiße Luft um – hier genügt eine kurze Vor-heizphase von 5–10 Minuten, bevor das Backgut eingescho-ben wird. Da die Backtemperaturen bei Umluft rund 20 Grad niedriger liegen (das wurde bei den Rezeptangaben berück-sichtigt!), kann sich die Backzeit verlängern, Gebäck bräunt langsamer. Heißluft hat beim Backen den Vorteil, dass Sie gleichzeitig mehrere Bleche in den Ofen schieben können.

BACKEN MIT RÜHRTEIG

CRASHKURS RÜHRTEIG

Weizenmehl Type 405 Feines weißes Allround-Mehl, das sich unkompliziert und vielseitig verbacken lässt.

Weizenmehl Type 550 ist etwas dunkler als Type 405 und hervorragend für Brote und Brötchen sowie anderes Hefegebäck geeignet.

Weizenmehl Type 1050 Dunklere Sorte mit gesunden Schalenanteilen ist ideal für Brote, Brötchen und herzhaftes Gebäck.

Roggenmehl Type 1150 gibt Broten kräftigen Geschmack. Wenig Kleberanteil, deshalb immer mit Weizenmehl mischen.

MEHLTYPEN

Weizen, Dinkel oder Roggen und auch andere Getreidesorten sind die kernige Basis für Mehl, ob fein oder grob gemahlen. Achten Sie neben der Sorte auch auf die Typenzahl auf der Mehltüte: Je höher diese ist, desto mehr Bestandteile des Korns enthält das Mehl, desto mehr Vitamine, Mineral- und Ballaststoffe sind drin. Und desto dunkler ist es. Bei weißem Mehl wird in der Regel nur der Mehlkörper ohne Randschichten vermahlen, die Typenzahl ist niedrig. Vollkornmehle kommen ohne Typenzahl aus, weil sie alle Mineralstoffe enthalten, die von Natur aus im ganzen Korn stecken.

MEHLSORTEN

Weizenmehl hat besonders viel Klebereiweiß, auch Gluten genannt. Dieses Eiweiß ist dafür verantwortlich, dass ein Teig gut zusammenhält. Type 405 ist die beliebteste Sorte: Das sehr feine weiße Mehl lässt sich nahezu universell verwenden. Gibt's im Supermarkt auch mit natürlichem Anteil an Weizenkeimen und damit mehr Mineralstoffen. Auch Type 550, das helle, fast weiße Mehl eignet sich hervorragend zum Backen und kann Type 405 immer ersetzen. Type 1050 ist ein dunkleres Mehl – super für herzhafte Kuchen.

Roggenmehl enthält wenig Kleber, daher braucht es neben der Hefe noch Sauerteig als zusätzliches Backtriebmittel. Es lässt sich aber auch gut mit Weizen- oder Dinkelmehl »strecken« und dann wie diese Mehle verbacken. Roggenmehl Type 1150 ist eine gängige Sorte für Brote, Brötchen und herzhaftes Gebäck. Die niedrigste Typenzahl ist 610.

Dinkelmehl Reichlich Klebereiweiß und damit ausgezeichnete Backeigenschaften sind die Vorzüge von Dinkel, einer Urform des Weizens. Die im Handel übliche Type 630 kann man wie Weizenmehl Type 405 oder 550 verwenden.

RÜHRTEIG: EINFACH UND VIELSEITIG

Rühren, Rühren, Rühren – das braucht der Teig, das macht den Kuchen saftig und zart. Wichtig: Alle Zutaten müssen Zimmertemperatur haben. Sie verbinden sich so besser. Deshalb alles vorher bereitstellen. Das Mehl immer erst zum Schluss und nur kurz unter die schwere, feuchte Butter-Zucker-Eier-Masse rühren, damit der Teig nicht klebrig wird. Übrigens: Rührteig heißt auch Eischwer-Teig, weil sich die Menge der Zutaten nach dem Gewicht der Eier berechnet: Auf 250 g Eier (ca. 4 Stück) nimmt man je 250 g Butter, Zucker und Mehl. Praktisch, weil man ohne Rezept auskommt.

RÜHRTEIG

1. Eine Kasten- (30 cm) oder Napf-kuchenform (24 cm Ø) mit einem Pinsel oder Pergamentpapier mit streichfähiger Butter einstreichen.

2. Die Form mit Mehl ausstäuben und überschüssiges Mehl heraus-schütten. Den Backofen auf 180° (Umluft 160°) vorheizen.

3. Die weiche Butter mit Quirlen des Handmixers auf höchster Stufe geschmeidig schlagen. Zucker und Salz nach und nach unterrühren.

FÜR 1 GRUNDREZEPT

250 g weiche Butter
250 g Zucker
1 Prise Salz
4 Eier (Größe M)
300 g Mehl
1 TL Backpulver
eventuell 2–3 EL Milch
Butter und Mehl für die Form

BEI 16 STÜCKEN PRO STÜCK
CA. 275 KCAL
4 g EW, 15 g F, 30 g KH

4. Die Eier einzeln nacheinander zugeben, ca. 1/2 Min. unterrühren. Aufschlagen, bis eine dicke und goldgelbe Masse entstanden ist.

5. Mehl mit Backpulver mischen, über die Buttermasse sieben und portionsweise auf mittlerer Stufe nur kurz untermischen.

6. Der Teig ist perfekt, wenn er schwer reißend von einem Löffel fällt. Falls er zu fest ist, Milch zu-fügen und kurz unterrühren.

7. Fertigen Teig mit einem Teigscha-ber in die vorbereitete Form füllen, glatt streichen. Im Ofen (2. Schiene von unten) 50–60 Min. backen.

8. Nach 50 Min. Stäbchenprobe ma-chen: Holzstäbchen in die Gebäck-mitte stecken. Bleibt kein Teig daran kleben, ist der Kuchen gar.

9. Kuchen herausnehmen, 10 Min. stehen lassen. Mit Messer vom Rand lösen, aus der Form auf einen Ku-chenrost stürzen, auskühlen lassen.

www.küchengötter.de/ backvideos

MARMOR**KUCHEN**

1. Einen Rührteig nach dem Grundrezept (S. 11) herstellen, dabei den Vanillezucker mit einarbeiten. Den Backofen auf 180° (Umluft 160°) vorheizen.

2. 75 g weiße Kuvertüre klein hacken. Den Teig in zwei Hälften teilen. Unter eine Hälfte den Kakao mischen, in die andere die weiße Kuvertüre.

3. Die Napfkuchenform einfetten und mit Mehl ausstäuben. Zuerst die helle Teigportion in die Form füllen. Dann den dunklen Teig daraufgeben. Eine Gabel spiralförmig durch den Teig ziehen, sodass ein Marmormuster entsteht.

4. Im Backofen (2. Schiene von unten) 50–60 Min. backen (Stäbchenprobe, s. S. 11), etwas abgekühlt aus der Form lösen und auskühlen lassen. Schokoglasur nach Packungsangabe schmelzen und den Kuchen damit bestreichen. Die übrige weiße Kuvertüre mit einem großen Messer in Spänen abhobeln. Auf den Schokoguss streuen und fest werden lassen.

Dieses und viele weitere

küchen götter

Rezepte finden Sie auf küchengötter.de

FÜR 1 NAPFKUCHENFORM
(Ø 24 CM, 16 STÜCKE)
ZUBEREITUNG: 30 MIN.
BACKEN: CA. 60 MIN.
PRO STÜCK CA. 385 KCAL
5 g EW, 22 g F, 40 g KH

1 Grundrezept Rührteig
 (S. 11)
1 Päckchen Vanillezucker
100 g weiße Kuvertüre
3 EL Kakaopulver
200 g dunkle Kuchen-
 glasur

KOKOS-MAKRONENKUCHEN

FÜR 1 KASTENFORM
(30 CM, 16 STÜCKE)
ZUBEREITUNG: 25 MIN.
BACKEN: CA. 60 MIN.
PRO STÜCK CA. 290 KCAL
4 g EW, 15 g F, 35 g KH

125 g weiche Butter
250 g Zucker
1 Päckchen Vanillezucker
Salz
4 Eier
1/8 l + 1–2 EL ungesüßte
    Kokosmilch (Dose)

100 g Kokosraspel
250 g Mehl
1 TL Backpulver
100 g Puderzucker
50 g Kokoschips
Butter und Mehl
    für die Form

1. Wie im Grundrezept für Rührteig (S. 11) beschrieben
Butter, 200 g Zucker, Vanillezucker und 1 Prise Salz cremig
rühren. Die Eier trennen und die Eigelbe und 1/8 l Kokosmilch nach und nach unter die Buttermasse rühren.

2. Den Backofen auf 180° (Umluft 160°) vorheizen.
Die Kastenform einfetten und mit Mehl ausstäuben.
Die Eiweiße steif schlagen, dabei den übrigen Zucker
unterrühren. Die Kokosraspel unterheben.

3. Mehl und Backpulver mischen und sieben, mit dem
Kokos-Eischnee auf die Eiercreme geben und mit einem
Gummischaber vorsichtig darunterziehen.

4. Den Teig in die vorbereitete Form füllen. Kuchen im
Ofen (2. Schiene von unten) 50–60 Min. backen (Stäbchenprobe, s. S. 11). 10 Min. abkühlen lassen, dann
aus der Form stürzen und auskühlen lassen.

5. Für die Glasur den Puderzucker mit 1–2 EL Kokosmilch
zu einem dickflüssigen Guss verrühren. Diesen auf den
Kuchen gießen, die Oberfläche damit überziehen und mit
den Kokoschips verzieren.

★ TUNING-TIPP Für eine Glasur mit Frischekick noch
1 TL fein abgeriebene Limettenschale unterrühren.

ROTWEINKUCHEN

FÜR 1 NAPFKUCHENFORM
(Ø 24 CM, 16 STÜCKE)
ZUBEREITUNG: 25 MIN.
BACKEN: CA. 60 MIN.
PRO STÜCK CA. 355 KCAL
5 g EW, 17 g F, 44 g KH

1 Grundrezept Rührteig
  (S. 11)
1 Päckchen Vanillezucker
1 TL Zimtpulver

1 EL Kakao
1/8 l + 1–2 EL trockener
  Rotwein
100 g Schokoladenstreusel

100 g Korinthen
100 g Puderzucker

1. Ofen auf 180° (Umluft 160°) vorheizen. Rührteig nach Grundrezept (S. 11) herstellen, dabei Vanillezucker mit einarbeiten. Zimt, Kakao, Mehl und Backpulver (s. Grundrezept) mischen, mit 1/8 l Wein unterrühren. Schokostreusel und 50 g Korinthen unterheben.

2. Die Form einfetten und mit Mehl ausstäuben. Den Teig einfüllen. Im heißen Backofen (2. Schiene von unten) 50–60 Min. backen (Stäbchenprobe, s. S. 11). Herausnehmen und 10 Min. in der Form stehen lassen, dann auf ein Gitter stürzen und abkühlen lassen.

3. Für die Glasur Puderzucker und 1–2 EL Rotwein glatt rühren und auf dem Kuchen verteilen, sodass er teilweise überzogen ist. Mit den übrigen Korinthen bestreuen.

★ TAUSCH-TIPP Tauschen Sie die Korinthen gegen grob gehackte getrocknete Kirschen aus – eine aromatische Alternative!

GEFÜLLTER SANDKUCHEN

FÜR 1 KASTENFORM
(30 CM, 16 STÜCKE)
ZUBEREITUNG: 35 MIN.
BACKEN: CA. 70 MIN.
PRO STÜCK CA. 315 KCAL
3 g EW, 16 g F, 40 g KH

250 g weiche Butter
200 g Zucker
1 Päckchen Vanillezucker
abgeriebene Schale
   von 1 Bio-Zitrone
Salz

4 Eier
150 g Mehl
150 g Speisestärke
1 TL Backpulver
3–4 EL Sahne

150 g Preiselbeerkonfitüre
200 g Zitronen-Kuchenglasur
   (Fertigprodukt)
Fett und Mehl
   für die Form

1. Den Backofen auf 180° (Umluft 160°) vorheizen.
Nach dem Grundrezept für Rührteig (S. 11) Butter, Zucker,
Vanillezucker, Zitronenschale und 1 Prise Salz cremig
rühren. Die Eier einzeln nach und nach unter die Buttermasse rühren. Mehl und Speisestärke mit Backpulver
mischen, sieben und mit der Sahne unter den Teig rühren.

2. Die Form einfetten, mit Mehl ausstäuben und den
Teig einfüllen. Im Backofen (2. Schiene von unten)
60–70 Min. backen (Stäbchenprobe, s. S. 11). Den
Kuchen aus dem Ofen nehmen und 10 Min. ruhen lassen, dann aus der Form lösen und abkühlen lassen.

3. Den Kuchen mit einem breitem Messer waagerecht
zweimal durchschneiden. Jeweils die Hälfte der Konfitüre
auf dem unteren und mittleren Boden verteilen, dann
beide Böden zusammensetzen und den dritten Boden
obenauf legen.

4. Für die Glasur die Zitronen-Kuchenglasur nach
Packungsangabe im Wasserbad schmelzen und den
Kuchen mithilfe eines Pinsels damit überziehen. Den
Guss fest werden lassen.

★ TUNING-TIPP Nach Belieben noch 50 g Krokantstreusel
(Fertigprodukt) in die halbfeste Glasur streuen.

HASELNUSS-KIRSCHKUCHEN

1. Die Kirschen 20 Min. antauen lassen. Nüsse in einer trockenen Pfanne ohne Fett bei mittlerer Hitze rösten, bis sie duften. Vom Herd nehmen und abkühlen lassen.

2. Ofen auf 180° (Umluft 160°) vorheizen. Form einfetten, mit Mehl ausstäuben. Rührteig nach Grundrezept (S. 11) zubereiten, dabei Vanillezucker einarbeiten.

3. Die Kirschen in 1 EL Nüssen wenden. Erst die übrigen Nüsse, dann die Kirschen vorsichtig unter den Teig heben. Teig in die Form füllen und glatt streichen. Im Backofen (2. Schiene von unten) 60 Min. backen (Stäbchenprobe, s. S. 11). Herausnehmen, 10 Min. ruhen lassen, dann den Kuchen aus der Form lösen.

4. Den warmen Kuchen mehrmals mit einem Holzstäbchen einstechen. Mit Hilfe eines Pinsels mit dem Kischwasser bestreichen.

5. Die Nougatmasse und das Kokosfett in eine Schüssel geben, im warmen Wasserbad (S. 155) schmelzen und verrühren. Den Kuchen mit der Nougatmasse überziehen, dann kalt stellen, bis der Überzug fest ist.

FÜR 1 SPRINGFORM
(26 CM Ø, 16 STÜCKE)
ZUBEREITUNG: 60 MIN.
BACKEN: 60 MIN.
PRO STÜCK CA. 410 KCAL
6 g EW, 25 g F, 40 g KH

- 300 g TK-Schatten-morellen
- 150 g gemahlene Haselnüsse
- 1 Grundrezept Rührteig (S. 11)
- 1 Päckchen Vanillezucker
- 4 EL Kirschwasser (ersatzweise Kirschsaft)
- 150 g Nuss-Nougatmasse
- 25 g Kokosfett

ENGLISCHER TEEKUCHEN

FÜR 1 KASTENFORM
(30 CM, 16 STÜCKE)
ZUBEREITUNG: 30 MIN.
BACKEN: CA. 60 MIN.
PRO STÜCK CA. 340 KCAL
5 g EW, 19 g F, 37 g KH

100 g kandierter Ingwer
125 g getrocknete
 Cranberrys
3 EL Rum

1 Grundrezept Rührteig
 (S. 11)
1 Päckchen Vanillezucker
100 g gehackte Mandeln

1 EL Mehl
Puderzucker zum
 Bestäuben

1. Den Ingwer in kleine Würfel schneiden. Cranberrys grob hacken. Beides mit dem Rum beträufeln und 20 Min. marinieren.

2. Den Backofen auf 180° (Umluft 160°) vorheizen. Rührteig nach Grundrezept (S. 11) zubereiten, dabei Vanillezucker und Mandeln mit einarbeiten. Ingwer und Cranberrys mit 1 EL Mehl mischen, unter den Teig heben. Form einfetten und mit Mehl ausstäuben. Teig einfüllen. Im Ofen (2. Schiene von unten) 50–60 Min. backen (Stäbchenprobe, s. S. 11).

3. Den Kuchen herausnehmen, in der Form 10 Min. stehen lassen, dann stürzen. Auf einem Kuchengitter auskühlen lassen und mit Puderzucker bestäuben.

* TAUSCH-TIPP Wer den Klassiker bevorzugt, tauscht die Cranberrys gegen Rosinen und den Ingwer durch jeweils die Hälfte Zitronat und Orangeat aus.

APFEL**BROT**

1. Die Äpfel vierteln, schälen, vom Kerngehäuse befreien und grob raspeln. Mit 2 EL Zitronensaft beträufeln. 100 g Walnüsse grob hacken und mit Rosinen und Zitronenschale unter die Äpfel mischen.

2. Den Backofen auf 180° (Umluft 160°) vorheizen. Nach dem Grundrezept (s. S. 11) einen Rührteig herstellen, dabei Mehl und Backpulver abwechselnd mit dem Apfelmix unter die Buttermasse heben. Die Form einfetten und mit Mehl ausstäuben, Teig einfüllen.

3. Im Backofen (2. Schiene von unten) 60–70 Min. backen (Stäbchenprobe, s. S. 11), nach 30 Min. die Oberfläche mit einem scharfen Messer einmal längs einritzen. Den fertig gebackenen Kuchen 10 Min. abkühlen lassen, dann aus der Form stürzen.

4. Für die Glasur den Puderzucker mit 1–2 EL Zitronensaft glatt rühren und das Apfelbrot damit bestreichen. Mit den übrigen gehackten Nüssen bestreuen. Dann die Glasur fest werden lassen.

FÜR 1 KASTENFORM
(30 CM, 16 STÜCKE)
ZUBEREITUNG: 30 MIN.
BACKEN: CA. 70 MIN.
PRO STÜCK CA. 380 KCAL
6 g EW, 21 g F, 41 g KH

300 g säuerliche Äpfel
  (z. B. Boskoop)
3–4 EL Zitronensaft
150 g Walnusskerne
50 g Rosinen

1 TL abgeriebene Schale
  von einer Bio-Zitrone
1 Grundrezept Rührteig
  (S. 11)
100 g Puderzucker

MÖHREN-MOHN-CAKE

FÜR 1 KASTENFORM
(30 CM, 16 STÜCKE)
ZUBEREITUNG: 45 MIN.
BACKEN: 70 MIN.
PRO STÜCK CA. 380 KCAL
6 g EW, 22 g F, 41 g KH

1 Grundrezept Rührteig
  (S. 11)
1 Päckchen Vanillezucker
2 TL Zimt
2 Prisen Nelkenpulver

abgeriebene Schale und
  Saft von 1 Bio-Zitrone
125 g Möhren
100 g gemahlene
  Haselnüsse

250 g Mohnbackmischung
  (Fertigprodukt)
12 Marzipanrübchen (Fertigprodukt)
4 EL Aprikosenkonfitüre

1. Nach dem Grundrezept (S. 11) einen Rührteig zubereiten, dabei Vanillezucker, Zimt, Nelkenpulver, Zitronenschale und -saft mit den Eiern aufschlagen und unter die
cremige Butter rühren.

2. Den Backofen auf 180° (Umluft 160°) vorheizen.
Die Form einfetten und mit Mehl ausstäuben. Den Teig
halbieren. Die Möhren schälen und nicht zu fein raspeln.
Unter die eine Teighälfte Möhren und Nüsse mischen,
die Mohnmischung unter die zweite Teighälfte heben.

3. Zuerst den Möhrenteig in die Form füllen. Dann den
Mohnteig daraufgeben. Mit einer Gabel spiralförmig
durch den Möhrenteig ziehen. Den Kuchen im heißen
Backofen (2. Schiene von unten) 70 Min. backen.

4. Nach 60 Min. Backzeit die Marzipanrübchen aufrecht
in den Teig stecken und den Kuchen fertig backen (Stäbchenprobe, s. S. 11).

5. Den Kuchen herausnehmen, 10 Min. stehen lassen,
dann aus der Form lösen und etwas auskühlen lassen.
Die Aprikosenkonfitüre erwärmen, durch ein Sieb streichen und den Kuchen damit bestreichen (S.156).

SCHOKOLADENTORTE NACH SACHER ART

1. Schokolade zerbröckeln und im heißen Wasserbad (s. S. 155) unter Rühren schmelzen. Aus dem Wasserbad nehmen und unter gelegentlichem Umrühren lauwarm abkühlen lassen.

2. Den Backofen auf 180° (Umluft 160°) vorheizen. Die Form einfetten und mit Mehl ausstäuben. Eier trennen. Butter, Zucker und Eigelbe wie im Grundrezept (S. 11) beschrieben cremig schlagen, dann die geschmolzene Schokolade unterrühren.

3. Die Eiweiße mit 1 Prise Salz schnittfest schlagen (s. S. 83), auf den Teig gleiten lassen. Mehl und Kakao mischen, darübersieben. Mit Mandeln bestreuen und alles locker unterziehen. Teig in die Form füllen, glatt streichen und im Ofen (2. Schiene von unten) 55–60 Min. backen (Stäbchenprobe, s. S. 11). 10 Min. abkühlen lassen, auf ein Kuchengitter stürzen und 1 Std. auskühlen lassen.

4. Die Konfitüre erwärmen, glatt rühren und durch ein Sieb streichen (S. 156). Die Torte mit einem breiten Messer einmal waagrecht durchschneiden. Beide Böden mit Konfitüre bestreichen und wieder zusammensetzen. Restliche Konfitüre auf Rand und Oberfläche verteilen und antrocknen lassen.

5. Die Kuvertüre wie in den Steps S. 155 beschrieben schmelzen. Die Hälfte davon auf die Oberfläche der Torte gießen, dabei sofort mit einem langen Messer gleichmäßig verteilen und die Torte langsam um die eigene Achse drehen. Mit der übrigen Kuvertüre rundum den Rand überziehen (S. 155). Die Glasur erstarren lassen. Dann die Torte mit Kakaopulver überpudern.

* DAS SCHMECKT DAZU Geschlagene Sahne.

FÜR 1 SPRINGFORM (26 CM Ø, 16 STÜCKE)
ZUBEREITUNG: 60 MIN. + 60 MIN. KÜHLEN
BACKEN: CA. 60 MIN.
PRO STÜCK CA. 445 KCAL
8 g EW, 25 g F, 49 g KH

150 g Zartbitter-Schokolade
6 Eier
250 g weiche Butter
250 g Zucker
Salz
300 g Mehl
2 EL Kakaopulver
150 g gemahlene Mandeln
250 g Aprikosenkonfitüre
200 g dunkle Kuvertüre
Kakaopulver zum Bestäuben
Fett und Mehl für die Form

RHABARBERKUCHEN MIT MANDELSTREUSELN

FÜR 1 BACKBLECH
(40 X 30 CM, 20 STÜCKE)
ZUBEREITUNG: 50 MIN.
BACKEN: CA. 40 MIN.
PRO STÜCK CA. 345 KCAL
5 g EW, 18 g F, 39 g KH

FÜR DEN TEIG:
1 Grundrezept Rührteig
 (S. 11)
100 g Mehl
2 EL Milch

2 Päckchen Bourbon-Vanille-
 zucker
1 kg Rhabarber
2 EL Zucker
Puderzucker zum Bestäuben

FÜR DIE STREUSEL:
50 g geschälte, gemahlene
 Mandeln
150 g Mehl, 60 g Zucker
100 g Butter

1. Nach dem Grundrezept (S. 11) einen Rührteig herstellen, dabei 100 g Mehl mehr zufügen sowie die Milch und den Vanillezucker unterrühren.

2. Ofen auf 180° (Umluft 160°) vorheizen. Backblech einfetten und mit Mehl ausstäuben, Teig darauf glatt verstreichen. Zutaten für die Streusel mit den Händen bröselig verkneten.

3. Rhabarber waschen, abziehen und in 2–3 cm große Stücke schneiden. Mit dem Zucker mischen. Auf dem Vanilleteig verteilen und leicht andrücken. Mit den Streuseln bestreuen. Im Ofen (Mitte) 30–40 Min. backen. Auskühlen lassen, mit Puderzucker bestäuben.

* VARIANTE Außerhalb der Rhabarber-Saison 700 g gemischte Beeren (z. B. Johannisbeeren, Heidelbeeren, Brombeeren, Himbeeren) in den Teig einbacken. Die Streusel weglassen.

PFIRSICH-PISTAZIEN-KUCHEN

FÜR 1 SPRINGFORM
(26 CM Ø, 16 STÜCKE)
ZUBEREITUNG: 25 MIN.
BACKEN: 60 MIN.
PRO STÜCK CA. 310 KCAL
5 g EW, 16 g F, 37 g KH

1/2 Grundrezept Rührteig
(S. 11)
50 g Mehl
abgeriebene Schale von
1 Bio-Zitrone

800 g reife Pfirsiche (ersatzweise 1 große
Dose Pfirsiche,
480 g Abtropfgewicht)
2 EL Hagelzucker
1 EL gehackte Pistazien

1. Nach dem Grundrezept (S. 11) einen Rührteig herstellen, dabei noch 50 g Mehl mehr mit einarbeiten und
die Zitronenschale unterrühren.

2. Die Pfirsiche in einer Schüssel mit kochend heißem
Wasser übergießen und kurz ziehen lassen. Dann
mit eiskaltem Wasser abschrecken, häuten, halbieren
und entsteinen. (Dosenpfirsiche gut abtropfen lassen).
Die Pfirsichhälften in schmale Spalten schneiden.

3. Den Backofen auf 180° (Umluft 160°) vorheizen.
Die Form einfetten und mit Mehl ausstäuben. Den Teig
in die Form füllen und die Oberfläche dicht mit Pfirsichspalten belegen. Dann mit Hagelzucker und Pistazien
bestreuen. Den Kuchen im heißen Backofen (2. Schiene
von unten) 60 Min. backen (Stäbchenprobe, s. S. 11).

★ TAUSCH-TIPP Nach dem gleichen Prinzip können
Sie auch anderes Steinobst wie Sauerkirschen, Stachelbeeren, Zwetschgen oder Aprikosen in dem Rührteig mit-
backen. Birnen oder Äpfel eignen sich ebenfalls prima.
Da die Früchte Saft abgeben, muss man den Teig stabiler
halten, indem man mehr Mehl zufügt.

DONAUWELLEN MIT ANANAS

FÜR 1 TIEFES BLECH
(40 X 30 CM, 20 STÜCKE)
ZUBEREITUNG: 60 MIN.
+ 1 STD. KÜHLEN
BACKEN: CA. 30 MIN.
PRO STÜCK CA. 440 KCAL
6 g EW, 31 g F, 34 g KH

FÜR DEN TEIG:
1 große Dose Ananas-
scheiben (500 g Abtropf-
gewicht)
250 g weiche Butter
250 g Zucker
Salz
6 Eier

350 g Mehl
4 TL Backpulver
2 EL Kakaopulver
2 EL Milch
**FÜR FÜLLUNG UND GLA-
SUR:**
500 g Sahne
2 Päckchen Sahnesteif

200 g gesüßte Kokoscreme
(Dose)
50 g Zartbitter-Schoko-
raspel (Fertigprodukt)
50 g Kokosraspel
Fett und Mehl
für das Blech

1. Backofen auf 180° (Umluft 160°) vorheizen. Die Ananasscheiben abgießen und in einem Sieb gut abtropfen lassen, dann die Scheiben in kleine Stücke schneiden.

2. Aus Butter, Zucker und 1 Prise Salz mit Eiern, Mehl und Backpulver wie im Grundrezept (S. 11) beschrieben einen Rührteig herstellen. Ein Backblech einfetten und mit Mehl ausstäuben. Die Hälfte des Teiges auf das Blech streichen.

3. Den Kakao und die Milch unter den restlichen Teig rühren, dann diesen auf den hellen Teig streichen. Die Ananasstücke darauf verteilen. Im heißen Backofen (Mitte) 25–30 Min. backen (Stäbchenprobe, s. S. 11). Auf dem Backblech vollständig auskühlen lassen.

4. Die Sahne steif schlagen, dabei das Sahnesteif einrieseln lassen. Kokoscreme nach und nach dazu rühren. Die Kokos-Sahne mit einem Gummispatel auf den kalten Kuchen streichen. Die Schoko- und Kokosraspel auf die Creme streuen und den Kuchen 1 Std. kalt stellen.

★ TAUSCH-TIPP Wer den Klassiker mit Kirschen lieber mag, nimmt statt der Ananas aus der Dose zwei Gläser Schattenmorellen (à 350 g Abtropfgewicht) und ersetzt die Kokoscreme durch 100 g mehr Sahne.

BUNTER OBSTKUCHEN

1. Den Backofen auf 180° (Umluft 160°) vorheizen. Die Form einfetten und mit Mehl ausstäuben. Nach dem Grundrezept (S. 11) einen Rührteig zubereiten, dabei 100 ml Milch mit einarbeiten. Teig in die Form füllen. Im Backofen (Mitte) in 15–20 Min. hellbraun backen (Stäbchenprobe, s. S. 11). Den Boden 5 Min. abkühlen lassen, dann sofort aus der Form lösen und auf ein Kuchengitter stürzen, ganz abkühlen lassen.

2. Das Johannisbeergelee erwärmen und glatt verrühren, dann mit dem Pinsel gleichmäßig auf den Obstboden streichen. So wird verhindert, dass der Saft der Früchte den Boden aufweicht. Die Erdbeeren waschen, von den Kelchblättern befreien und halbieren. Aprikosen waschen, halbieren, entsteinen und in Spalten schneiden. Kiwi schälen und ebenfalls in Spalten schneiden. Himbeeren und Heidelbeeren verlesen. Den Obstboden bunt mit den Früchten belegen.

3. Das Tortengusspulver mit dem Zucker und Apfelsaft verrühren und unter ständigem Rühren aufkochen lassen. Den Tortenguss etwas abkühlen lassen, dann von der Mitte aus auf dem Kuchen verteilen (s. S. 157).

FÜR 1 SPRINGFORM
(26 CM Ø, 12 STÜCKE)
ZUBEREITUNG: 45 MIN.
BACKEN: CA. 20 MIN.
PRO STÜCK CA. 235 KCAL
3 g EW, 11 g F, 30 g KH

1/2 Rezept Rührteig
  (S. 11)
100 ml Milch
4 EL rotes Johannisbeer-
  gelee
250 g kleine Erdbeeren
2 reife Aprikosen

1 Kiwi
je 100 g Himbeeren und
  Heidelbeeren
2 TL Tortengusspulver
1 EL Zucker
200 ml Apfelsaft

BLAUBEER-BUTTER-MILCH-MUFFINS

1. Die Blaubeeren verlesen und mit Zitronensaft und -schale mischen. Die Pinienkerne in einer Pfanne ohne Fett bei mittlerer Hitze goldbraun anrösten. Vom Herd nehmen und abkühlen lassen.

2. Den Backofen auf 180° (Umluft 160°) vorheizen. Die Mulden des Muffinsblechs einölen oder je 2 Papierförmchen ineinandersetzen.

3. Das Mehl mit dem Backpulver und den Pinienkernen mischen. Die Butter mit Zucker, Vanillezucker und Eiern wie im Grundrezept (S. 11) beschrieben cremig rühren. Buttermilch und Mehlmischung nach und nach unterrühren. Die Beeren vorsichtig unter den Teig heben. In die Mulden des Muffinsblechs (oder in die Papierförmchen) füllen und im Ofen (Mitte) in 25 Min. goldbraun backen (Stäbchenprobe, s. S. 11).

4. Die Muffins aus dem Ofen nehmen, 5 Min. ruhen lassen. Aus den Mulden lösen und auf einem Kuchengitter auskühlen lassen. Mit Puderzucker bestäuben.

★ **TAUSCH-TIPP** Statt der frischen Blaubeeren können Sie auch tiefgekühlte Heidelbeeren verwenden.

FÜR 1 MUFFINSBLECH MIT
12 MULDEN (ODER 24 PAPIER-
BACKFÖRMCHEN MIT 5 CM Ø)
ZUBEREITUNG: 30 MIN.
BACKEN: 25 MIN.
PRO STÜCK CA. 275 KCAL
4 g EW, 15 g F, 31 g KH

150 g Blaubeeren
1 TL Zitronensaft
abgeriebene Schale von
   1/2 Bio-Zitrone
40 g Pinienkerne
220 g Mehl
2 gehäufte TL Backpulver
150 g weiche Butter

150 g Zucker
1 Päckchen
   Vanillezucker
2 Eier
1/4 l Buttermilch
Öl für das Muffinsblech
Puderzucker zum
   Bestäuben

BANANEN-MUFFINS MIT AMARETTI-HAUBE

FÜR 1 MUFFINSBLECH MIT
12 MULDEN (ODER 24 PAPIER-
BACKFÖRMCHEN MIT 5 CM Ø)
ZUBEREITUNG: 35 MIN.
BACKEN: CA. 25 MIN.
PRO STÜCK CA. 325 KCAL
6 g EW, 19 g F, 33 g KH

2 reife Bananen (ca. 300 g)
Saft und abgeriebene Schale
    von 1 Bio-Zitrone
200 g Mehl
2 gehäufte TL Backpulver
1 Ei
100 g brauner Zucker
100 ml Öl

200 g Joghurt
100 g gemahlene Mandeln
50 g Amaretti
50 g gehobelte Mandeln
6 EL Sahne
Fett für das Muffinsblech
Puderzucker zum
    Bestäuben

1. Die Bananen schälen und mit einer Gabel fein zerdrücken. Sofort den Zitronensaft unterrühren, damit das
Mus nicht braun wird. Den Backofen auf 180° (Umluft
160°) vorheizen. Die Mulden des Muffinsblechs einfetten
oder je 2 Papierförmchen ineinandersetzen.

2. Das Mehl mit dem Backpulver und der abgeriebenen
Zitronenschale vermischen. Das Ei mit dem Zucker cremig
rühren. Öl, Joghurt, Bananenpüree und die gemahlenen
Mandeln dazugeben. Die Mehlmischung daraufgeben
und alles schnell unterrühren. Den Teig in die Mulden des
Muffinsblechs oder in die Papierförmchen füllen und im
heißen Backofen (Mitte) 10 Min. vorbacken.

3. Inzwischen die Amaretti in einen Gefrierbeutel geben,
mit einer Teigrolle grob zerbröseln und mit den Mandelblättchen und der Sahne mischen. Die Masse mit einem
Löffel auf den Muffins verteilen, in 10–15 Min. fertig
backen (Stäbchenprobe, s. S. 11).

4. Muffins aus dem Ofen nehmen und 5 Min. ruhen lassen, dann aus den Mulden lösen und auf einem Kuchengitter auskühlen lassen. Mit Puderzucker bestäuben.

CHOCO COOKIES

FÜR 2 BACKBLECHE
(À 30 X 40 CM, 50 STÜCK)
ZUBEREITUNG: 35 MIN.
BACKEN: 2 X 15 MIN.
PRO STÜCK CA. 80 KCAL
1 g EW, 4 g F, 9 g KH

150 g weiche Butter
100 g Zucker
100 g brauner Zucker
1 Päckchen Bourbon-Vanille-
   zucker

Salz
2 Eier
200 g Mehl
1 TL Backpulver
75 g Vollmilch-Schokolade

75 g geschälte Erdnusskerne
75 g backstabile Schoko-
   Tröpfchen (Fertigprodukt)
AUSSERDEM:
Backpapier für die Bleche

1. Wie im Grundrezept (S. 11) beschrieben Butter, Zucker, braunen Zucker, Vanillezucker, 1 Prise Salz und Eier mit Mehl und Backpulver zu einem Rührteig verarbeiten.

2. Den Backofen auf 180° (Umluft 160°) vorheizen. Die Schokolade und die Erdnusskerne mit einem großen Messer grob hacken. Zusammen mit den Schokotröpfchen und der Mehlmischung portionsweise unter die Buttercreme rühren.

3. Zwei Backbleche mit Backpapier belegen. Mithilfe von zwei Teelöffeln insgesamt 50 Teighäufchen auf die Bleche setzen – mit Abstand, da der Teig etwas auseinanderläuft. Cookies im Ofen (Mitte) nacheinander (bei Umluft zusammen) jeweils 15 Min. backen, bis sie knusprig sind. Vorsichtig vom Blech nehmen und auf einem Kuchengitter auskühlen lassen.

AMERIKANER SCHWARZ-WEISS

FÜR 2 BACKBLECHE
(À 30 X 40 CM, 12 STÜCK)
ZUBEREITUNG: 30 MIN.
BACKEN: 2 X 25 MIN.
PRO STÜCK CA. 295 KCAL
4 g EW, 10 g F, 48 g KH

125 g weiche Butter
125 g Zucker
1 Päckchen Vanillezucker
Salz
abgeriebene Schale von
   1/2 Bio-Zitrone
2 Eier
250 g Mehl

50 g Speisestärke
2 TL Backpulver
4 EL Buttermilch
200 g Puderzucker
1–2 EL Zitronensaft
1 EL Kakaopulver
AUSSERDEM:
Backpapier für die Bleche

1. Wie im Grundrezept (S. 11) beschrieben Butter,
Zucker, Vanillezucker, 1 Prise Salz und Zitronenschale
zu einem geschmeidigen Rührteig verarbeiten. Die Eier
nacheinander unterrühren. Das Mehl mit Speisestärke
und Backpulver mischen, sieben und abwechselnd mit
der Buttermilch unterrühren.

2. Den Backofen auf 180° (Umluft 160°) vorheizen.
Zwei Backbleche mit Backpapier belegen. Aus dem Teig
mit zwei angefeuchteten Esslöffeln jeweils sechs Teighäufchen auf die Bleche setzen. Im heißen Backofen
(Mitte) nacheinander (bei Umluft zusammen) 20–25 Min.
backen (Stäbchenprobe, s. S. 11). Herausnehmen und
auf einem Kuchengitter abkühlen lassen.

3. Puderzucker mit Zitronensaft verrühren, die Hälfte der
Glasur mit dem Kakao vermischen. Die flache Seite der
Amerikaner mit Hilfe eines Pinsels halb weiß, halb dunkel
glasieren. Trocknen lassen.

★ TAUSCH-TIPP Statt mit Kakao können Sie die Hälfte
der Glasur auch mit einigen Tropfen roter Speisefarbe
rosa einfärben.

CHAMPIGNON-KRÄUTER-CAKE

FÜR 1 KASTENFORM
(30 CM, 16 STÜCKE)
ZUBEREITUNG: 30 MIN.
BACKEN: CA. 60 MIN.
PRO STÜCK CA. 160 KCAL
6 g EW, 11 g F, 10 g KH

250 g Champignons
1 Zwiebel
1 Knoblauchzehe
6 Zweige Thymian
1 Bund Petersilie
100 ml Öl

Salz
schwarzer Pfeffer
200 g Mehl (Type 1050)
2 gehäufte TL Backpulver
4 Eier
1/8 l Milch

100 g geriebener
Greyerzer
Fett und Mehl
für die Form

1. Die Champignons putzen, abreiben und in feine Scheiben schneiden. Zwiebel und Knoblauch schälen und fein würfeln. Thymian und Petersilie abbrausen und gut trocken schütteln, Blätter abzupfen und fein hacken.

2. In einer Pfanne 5 EL Öl erhitzen. Zwiebeln und Pilze darin 5 Min. dünsten, bis die Flüssigkeit verdampft ist. Knoblauchwürfel, Thymian und Petersilie dazugeben, umrühren, salzen und pfeffern. Vom Herd nehmen und etwas abkühlen lassen.

3. Den Backofen auf 180° (Umluft 160°) vorheizen. Eine Kastenform einfetten und mit Mehl ausstäuben. Mehl und Backpulver mischen. Die Eier mit dem übrigen Öl und der Milch verrühren. Mehl-Mix und Käse einrühren. Die Pilzmischung dazugeben und unterheben.

4. Den Teig in die Form füllen. Im Backofen (2. Schiene von unten) 50–60 Min. backen (Stäbchenprobe, s. S. 11). Vor dem Stürzen 10 Min. in der Form ruhen lassen.

* DAS SCHMECKT DAZU Den Kräuterkuchen können Sie zusammen mit einem Salat als Hauptgericht servieren oder kalt als Snack zu einem Glas Wein.

PIZZA-GUGELHUPF

1. Das Olivenfleisch vom Stein lösen und fein würfeln. Salami und Paprikastücke ebenfalls in kleine Würfel schneiden. Den Käse fein reiben.

2. Den Backofen auf 180° (Umluft 160°) vorheizen. Die Eier mit Oregano und Käse verrühren, Öl und die passierten Tomaten nach und nach untermischen. Mehl mit Backpulver vermischen, sieben und mit 1 TL Salz unter Rühren dazugeben. Salami, Oliven und Paprika unter den Teig heben.

3. Eine Napfkuchenform einölen und mit wenig Mehl ausstäuben. Den Teig in die Form geben und im Backofen (2. Schiene von unten) 50–60 Min. backen (Stäbchenprobe, s. S. 11).

4. Den Kuchen aus dem Ofen nehmen und 10 Min. stehen lassen, dann aus der Form stürzen und abkühlen lassen. In Scheiben schneiden.

* DAS SCHMECKT DAZU Den Pizza-Gugelhupf als Snack, zum Aperitif oder zu einem Glas Wein servieren. Oder zu einem Picknick mitnehmen.

FÜR 1 NAPFKUCHENFORM
(Ø 24 CM, 16 STÜCKE)
ZUBEREITUNG: 30 MIN.
BACKEN: CA. 60 MIN.
PRO STÜCK CA. 210 KCAL
6 g EW, 13 g F, 17 g KH

- 50 g schwarze Oliven
- 75 g Salami (in dünnen Scheiben)
- je 50 g rote und gelbe Paprikaschote (oder 100 g von einer Sorte)
- 75 g Hartkäse, z. B. Grana Padano
- 4 Eier
- 2 TL getrockneter Oregano
- 130 ml Olivenöl
- 150 g passierte Tomaten (Tetrapak)
- 300 g Mehl
- 3 TL Backpulver
- Salz
- Öl und Mehl für die Form

KARTOFFEL-ROSMARIN-MUFFINS

FÜR 1 MUFFINSBLECH
MIT 12 MULDEN (ODER
24 PAPIERFÖRMCHEN)
ZUBEREITUNG: 30 MIN.
BACKEN: CA. 25 MIN.
PRO STÜCK CA. 270 KCAL
8 g EW, 19 g F, 17 g KH

250 g Pellkartoffeln
   (vom Vortag)
Salz
schwarzer Pfeffer
150 g durchwachsener
   Speck
1 Zwiebel
2 Zweige Rosmarin

1 EL Öl
75 g weiche Butter
2 Eier
1/4 l Buttermilch
220 g Mehl
1 TL Backpulver
100 g Emmentaler
Öl für das Muffinsblech

1. Die Kartoffeln pellen und in kleine Würfel schneiden. Mit Salz und Pfeffer würzen. Den Speck fein würfeln. Die Zwiebel schälen und ebenfalls fein würfeln. Die Rosmarinnadeln von den Stielen abstreifen und fein hacken.

2. Das Öl in einer Pfanne erhitzen und die Speck- und Zwiebelwürfel darin bei mittlerer Hitze glasig braten. Den Rosmarin dazugeben und kurz mitdünsten. Die Pfanne vom Herd nehmen.

3. Den Backofen auf 180° (Umluft 160°) vorheizen. Nach dem Grundrezept (S. 11) aus Butter, Eiern, Buttermilch, Mehl und Backpulver einen Rührteig herstellen, diesen kräftig salzen und pfeffern. Kartoffeln und Speckmischung unterheben.

4. Die Muffinsform einölen oder je 2 Papierförmchen ineinandersetzen. Den Teig in die Förmchen füllen. Im Ofen (Mitte) 20–25 Min. backen (Stäbchenprobe, s. S. 11). Inzwischen den Käse reiben, nach 10 Min. Backzeit auf die Teiglinge streuen und fertig backen. Muffins 5 Min. stehen lassen, dann aus den Vertiefungen lösen und auf einem Kuchengitter abkühlen lassen.

✴ TUNING-TIPP Mit dem Käse einige Rosmarinnadeln aufstreuen und die Muffins mit etwas Paprikapulver bestäubt servieren.

CURRY-ERBSEN-MUFFINS

FÜR 1 MUFFINSBLECH
MIT 12 MULDEN (ODER
24 PAPIERFÖRMCHEN)
ZUBEREITUNG: 20 MIN.
BACKEN: 30 MIN.
PRO STÜCK CA. 225 KCAL
6 g EW, 12 g F, 22 g KH

150 g TK-Erbsen
150 g Frühlingszwiebeln
300 g Mehl
2 gehäufte TL Backpulver

1 gehäufter EL Currypulver
1/2 TL gemahlener Ingwer
1 Ei
Salz

200 g Joghurt
100 ml Öl
4 EL Sesam
Öl für das Muffinsblech

1. Erbsen 20 Min. antauen lassen. Frühlingszwiebeln waschen, putzen und fein schneiden.

2. Den Backofen auf 180° (Umluft 160°) vorheizen. Mehl, Backpulver, Curry und Ingwer mischen, sieben. Das Ei mit 1 Prise Salz, Joghurt und Öl verrühren. Mehlmischung schnell unterrühren. Erbsen und Frühlingszwiebeln mit einem Teigschaber vorsichtig unterheben.

3. Die Mulden des Muffinsblechs einölen oder je 2 Papierförmchen ineinander setzen und mit 3 EL Sesam ausstreuen. Den Teig einfüllen und im Backofen (Mitte) in 30 Min. goldbraun backen (Stäbchenprobe, s. S. 11). Übrigen Sesam nach 15 Min. Backzeit aufstreuen.

4. Die Muffins aus dem Ofen nehmen und 5 Min. ruhen lassen, dann vorsichtig mit einem Messer aus der Form lösen. Auf einem Kuchengitter erkalten lassen.

BACKEN MIT
MÜRBETEIG

CRASHKURS MÜRBETEIG

Butter macht viele Teige fein – gibt knusprigem Mürbeteiggebäck und zartem Rührkuchen intensives Butteraroma.

Joghurtbutter schmeckt fein-säuerlich, lässt sich gut verstreichen und liefert auch beim Backen gute Ergebnisse.

Butterschmalz, aus reiner Butter hergestellt, ist ideal zum hohen Erhitzen (Frittieren von Schmalzgebäck) geeignet.

Margarine pflanzliche Alternative zu Butter. Zum Backen härtere Backmargarine nehmen, keine Softmargarine.

ALLES IN BUTTER

Ob cremig gerührt für Rührkuchen oder in Stücken im Mürbeteig – beim Backen ist Butter unverzichtbar. Sie verleiht vielen Teigen ein zartes Aroma, das sich im Ofen erst so richtig entfaltet. Wie zu Großmutters Zeiten wird Butter auch heute aus von der Milch abgetrennter Sahne gemacht.

SORTENVIELFALT

Butter muss maximal 16 % Wasser und mindestens 82 % Milchfett enthalten, der Unterschied liegt im Geschmack.
Süßrahmbutter ist aus frischem Rahm (Milchfett) gebuttert. Sie schmeckt mild, ein wenig nach Sahne und eignet sich besonders für feine Torten und süßes Gebäck, auch in Kombination mit Honig.
Sauerrahmbutter wird aus mit Milchsäurebakterien gesäuertem Rahm hergestellt. Das verleiht der Butter ein frisches, säuerliches Aroma. Passt gut zu herzhaften Kuchen mit Fleisch, Schinken und Käse und harmoniert hervorragend mit feinherben Nuss- und Schokoladen-Backwaren.
Mild gesäuerte Butter Liebling der Nation. Für sie wird der süße Rahm erst beim Verbuttern gesäuert. Das vereint die Aromen von Süß- und Sauerrahmbutter, gibt eine säuerliche Note, ohne das Rahm-Aroma zu überdecken, und macht sie für süßes und salziges Gebäck zum idealen Backfett.

Joghurtbutter liegt im Trend und lässt sich vorzüglich zum Backen verwenden. Durch Zugabe von Naturjoghurt hat sie einen feinen säuerlichen Charakter. Sie enthält weniger Fett als mild gesäuerte Butter (nur 65–70 %).
Margarine ist als pflanzliche Alternative zur Butter für alle Teige geeignet, wenn sie nicht mehr als 20 % Wasser enthält. Die übliche Margarine taugt dazu – im Gegensatz zu fettärmeren Sorten wie z. B. Dreiviertelfett- und Halbfett-Margarine, die auch gekühlt noch streichfähig sind.

MÜRBETEIG: KNUSPRIG UND TRAGFÄHIG

Rasch kneten, dann ausgiebig kalt stellen – das macht den Teig wunderbar mürbe: trocken und trotzdem zart. Notfalls auch ohne Rezept, denn ein Grundrezept für Mürbeteig ist der 1-2-3-Teig. Den kann man sich leicht merken: Ein Teil Zucker, zwei Teile Butter, drei Teile Mehl, dazu ein Ei.
Mürbeteig liebt's kühl: Die Hände vorm Kneten unter kaltes Wasser halten. Butter und Eier direkt aus dem Kühlschrank heraus verarbeiten.
Die bequeme Rühr-Knet-Methode: Alle Zutaten – hier muss das Fett allerdings weich sein – mit den Knethaken des Handrührgeräts kurz vermengen. Die krümelige Mischung per Hand rasch zu einem Kloß formen. Sofort in die gefettete Form drücken und das Ganze in den Kühlschrank stellen.

MÜRBETEIG-OBSTKUCHENBODEN

FÜR 1 GRUNDREZEPT
240 g Mehl
60 g Zucker
Salz
1 Ei
120 g kalte Butter
500 g getrocknete Hülsen-
  früchte (z. B. Erbsen)
Butter für die Form
Mehl für Form und Arbeitsfläche

**BEI 12 STÜCKEN PRO STÜCK
CA. 160 KCAL**
3 g EW, 8 g F, 19 g KH

1. Das Mehl auf die Arbeitsfläche sieben und aufhäufen, mit einem Esslöffel eine Mulde in die Mitte drücken. Dahinein den Zucker und 1 Prise Salz streuen.

2. Das Ei aufschlagen und in die Mitte der Mulde gleiten lassen. Die kalte Butter in kleine Würfel schneiden und rundherum auf dem Mehlrand verteilen.

3. Alle Zutaten mit einem großen Messer oder einer Palette gründlich durchhacken. Die Teigbrösel rasch mit den Händen zu einem glatten Teig verkneten.

4. Den Teig zu einer Kugel formen, in Folie wickeln und 1 Std. kalt stellen. Eine Springform (Ø 26 cm) am Boden mit Butter einfetten und mit Mehl fein bestäuben.

5. Zwei Drittel des Teigs auf der bemehlten Arbeitsfläche dünn (ca. 0,3 cm) ausrollen. Den Springformboden auflegen und ausschneiden. Teig in die Form legen.

6. Teigreste verkneten, zu einer Rolle formen und als Rand an den Teigboden legen. Mit zwei Fingern rundum festdrücken, sodass der Rand ca. 3 cm hoch wird.

7. Den Teigboden mit einer Gabel mehrmals einstechen, damit er beim Backen keine Blasen wirft und somit besser seine Form behält.

8. Zum Blindbacken den Teigboden mit Backpapier auskleiden und mit den getrockneten Hülsenfrüchten bedecken. So bleibt er flach.

9. Im Ofen (Mitte) bei 200° (Umluft 180°) 10–12 Min. vorbacken. Hülsenfrüchte (sind weiter verwendbar!) und Backpapier entfernen.

www.küchengötter.de/
backvideos

TRAUBEN-HOLLER-KUCHEN

FÜR 1 SPRINGFORM
(Ø 26 CM, 12 STÜCKE)
ZUBEREITUNG: 30 MIN.
+ 60 MIN. KÜHLEN
BACKEN: 20 MIN.
PRO STÜCK CA. 245 KCAL
4 g EW, 21 g F, 35 g KH

1 Grundrezept Mürbeteig
  (S. 37)
je 300 g grüne und blaue
  Weintrauben (möglichst
  kernlos)

300 g Mascarpone
1/8 l Holunderblütensirup
1 Päckchen Bourbon-Vanille-
  zucker
3 EL Milch

2 TL klares Tortenguss-
  pulver

1. Mürbeteig nach Grundrezept (S. 37) herstellen und kühlen. Ofen auf 200° (Umluft 180°) vorheizen. Springformboden einfetten, mit Mehl ausstäuben. Mit Teig auskleiden, im Ofen (Mitte) 20 Min. »blind« backen, auskühlen lassen. Hülsenfrüchte und Backpapier entfernen.

2. Inzwischen die Trauben waschen, von den Stielen zupfen und halbieren. Mascarpone mit 100 ml Sirup, Vanillezucker und Milch glatt rühren. Die Creme gleichmäßig auf dem gebackenen Mürbeteigboden verteilen. Trauben mit der runden Seite nach oben darauf verteilen.

3. 1/8 l Wasser mit dem übrigen Holunderblütensirup und dem Tortengusspulver verrühren, unter Rühren zum Kochen bringen. 1 Min. abkühlen lassen, dann esslöffelweise auf dem Kuchen verteilen. Fest werden lassen.

ERDBEERKUCHEN MIT MANDELN

FÜR 1 SPRINGFORM
(Ø 26 CM, 12 STÜCKE)
ZUBEREITUNG: 75 MIN.
+ 60 MIN. KÜHLEN
BACKEN: CA. 20 MIN.
PRO STÜCK CA. 265 KCAL
4 g EW, 14 g F, 29 g KH

1 Grundrezept Mürbeteig
 (S. 37)
50 g gemahlene Mandeln
1/2 Päckchen Mandel-
 Puddingpulver
1/8 l Milch
2 1/2 EL Zucker

100 g Sahne
800 g reife Erdbeeren
1 Päckchen klarer
 Tortenguss
1/8 l roter Fruchtsaft
1 EL gehobelte Mandeln

1. Einen Mürbeteig nach dem Grundrezept (S. 37) zubereiten, dabei 50 g Mehl durch gemahlene Mandeln
ersetzen. Den Backofen auf 200° (Umluft 180°) vorheizen.
Den Boden einer Springform einfetten und mit Mehl ausstäuben. Die Springform mit dem Teig auskleiden und
im Ofen (Mitte) 10 Min. »blind« backen (s. S. 37). Hülsenfrüchte und Backpapier entfernen, Boden noch 5–10 Min.
weiterbacken. Auf einem Kuchengitter auskühlen lassen.

2. Inzwischen aus dem Mandel-Puddingpulver nach
Packungsangabe mit der Milch und 2 EL Zucker einen
Pudding kochen. Diesen abkühlen lassen und kalt stellen.
Die Sahne steif schlagen und unter den Pudding ziehen.
Die Erdbeeren verlesen, kurz abbrausen, trocken tupfen
und von den Kelchblättern befreien. Größere Beeren
halbieren oder vierteln.

3. Den Mürbeteigboden mit der Puddingcreme bestrei-
chen und dann mit den Erdbeeren dicht an dicht belegen.
Das Tortengusspulver und den übrigen Zucker mit dem
Fruchtsaft und 1/8 l Wasser glatt rühren, 1 Min. kochen
lassen. Vom Herd nehmen und die Erdbeeren von der
Mitte aus mit dem Guss beträufeln. Fest werden lassen.

4. Mandelblättchen in einer Pfanne goldbraun rösten,
abkühlen lassen und vor dem Servieren aufstreuen.

KÄSEKUCHEN

1. Einen Mürbeteig herstellen, wie im Grundrezept (S. 37) beschrieben. Den Backofen auf 200° (Umluft 180°) vorheizen. Den Boden einer Springform einfetten und mit Mehl ausstäuben. Die Springform mit dem Teig auskleiden und dabei einen 4 cm hohen Rand formen. Im Ofen (Mitte) 20 Min. »blind« vorbacken (s. S. 37), Backpapier und Hülsenfrüchte entfernen.

2. Inzwischen den Quark mit saurer Sahne, Zucker, Mandeln, Eiern, Rum und Zitronenschale verrühren. Auf dem vorgebackenen Teig verteilen. Im Backofen (2. Schiene von unten) bei 200° (Umluft 180°) 60 Min. backen. Falls der Kuchen dunkel wird, nach 40 Min. mit Pergamentpapier abdecken.

3. Den Kuchen 15 Min. im ausgeschalteten Backofen stehen lassen, herausnehmen. Aus der Form lösen und auf einem Kuchengitter auskühlen lassen.

★ TUNING-TIPP Wer mag, kann noch 125 g mit Mehl bestäubte Rosinen unter die Quarkmischung heben.

FÜR 1 SPRINGFORM
(Ø 26 CM, 12 STÜCKE)
ZUBEREITUNG: 30 MIN.
+ 60 MIN. KÜHLEN
BACKEN: 80 MIN.
PRO STÜCK CA. 390 KCAL
19 g EW, 17 g F, 41 g KH

1 Grundrezept Mürbeteig
  (S. 37)
1 kg Magerquark
400 g saure Sahne
200 g Zucker
40 g geschälte,
  gemahlene Mandeln

6 Eier
2 EL Rum (ersatzweise
  Zitronensaft)
abgeriebene Schale
  von 1 Bio-Zitrone

SCHMANTKUCHEN MIT KIRSCHEN

FÜR 1 SPRINGFORM
(Ø 26 CM, 12 STÜCKE)
ZUBEREITUNG: 25 MIN.
+ 70 MIN. KÜHLEN
BACKEN: 80 MIN.
PRO STÜCK CA. 430 KCAL
5 g EW, 22 g F, 58 g KH

1 Grundrezept Mürbeteig
(S. 37)
2 Päckchen Vanille-
Puddingpulver
80 g Zucker
1/2 l Milch

600 g Schmant (ersatzweise
je zur Hälfte Crème fraîche
und saure Sahne)
2 Päckchen Vanillezucker
abgeriebene Schale von
1 Bio-Zitrone

400 g Kirschgrütze
(Kühlregal)
200 g Kirschkonfitüre

1. Den Backofen auf 200° (Umluft 180°) vorheizen.
Einen Mürbeteig nach dem Grundrezept (S. 37) zubereiten. Den Boden einer Springform einfetten und mit Mehl
ausstäuben. Die Springform mit dem Teig auskleiden
und im Ofen (Mitte) 20 Min. »blind« vorbacken (s. S. 37).

2. Inzwischen Puddingpulver und Zucker mischen und
mit 1/8 l Milch glatt rühren. Die übrige Milch aufkochen,
dann von der Kochstelle nehmen und das angerührte
Pulver einrühren. Pudding unter Rühren 1 Min. kochen
lassen. Vom Herd nehmen und 10 Min. abkühlen lassen,
dabei immer mal wieder umrühren.

3. Schmant, Vanillezucker und Zitronenschale unter
die Puddingmasse mischen. Die Kirschgrütze auf dem
gebackenen Boden verstreichen. Schmantmasse darüber
verteilen und glatt streichen. Konfitüre teelöffelweise auf
dem Schmant verteilen. Den Kuchen im Ofen (2. Schiene
von unten) bei 180° (Umluft 160°) 60 Min. backen.

★ DEKO-TIPP Für einen roten Guss 1 Tütchen klares Tortengusspulver nach Packungsangabe mit 1/4 l Kirschsaft
und Zucker anrühren und aufkochen. Etwas abkühlen und
dicklich werden lassen, dann auf den Kuchen auftragen.

JOHANNISBEER-BAISER-KUCHEN

FÜR 1 SPRINGFORM
(Ø 26 CM, 12 STÜCKE)
ZUBEREITUNG: 50 MIN.
+ 60 MIN. KÜHLEN
BACKEN: CA. 80 MIN.
PRO STÜCK CA. 300 KCAL
6 g EW, 13 g F, 39 g KH

1 Grundrezept Mürbeteig
  (S. 37)
500 g rote Johannisbeeren
4 Eiweiße
200 g Zucker
1 EL Zitronensaft

100 g geschälte,
  gemahlene Mandeln
Puderzucker zum
  Bestäuben

1. Einen Mürbeteig nach dem Grundrezept (S. 37) herstellen. Den Backofen auf 200° (Umluft 180°) vorheizen.

2. Den Boden einer Springform einfetten und mit Mehl ausstäuben. Die Springform mit dem Teig auskleiden und dabei einen etwa 4 cm hohen Rand formen. Im Backofen (Mitte) 15 Min. »blind« vorbacken (s. S. 37). Die Hülsenfrüchte und das Backpapier entfernen.

3. Inzwischen die Johannisbeeren waschen, von den Rispen streifen und in einem Sieb abtropfen lassen.

4. Die Eiweiße ganz steif schlagen. Zucker und Zitronensaft nach und nach dazugeben, dabei ständig weiterschlagen. Mandeln und Johannisbeeren bis auf 3 EL unter die Masse heben. In die Springform auf den vorgebackenen Teig geben. Die übrigen Beeren darüberstreuen.

5. Den Kuchen im Ofen bei 180° (Mitte, Umluft 160°) 50–60 Min. backen. Abkühlen lassen, aus der Form lösen. Vor dem Servieren mit Puderzucker bestäuben.

★ DAS SCHMECKT DAZU Geschlagene Sahne.

GEDECKTER APFELKUCHEN

1. Mürbeteig nach dem Grundrezept (S. 37) aus Mehl, Eiern, 1 Prise Salz, Zucker, Nüssen und Butter herstellen. Ofen auf 200° (Umluft 180°) vorheizen. Den Boden einer Springform einfetten und mit Mehl ausstäuben. Rosinen in einem Sieb heiß waschen, trocken reiben.

2. Ein Drittel des Teigs für den Deckel auf Backpapier ausrollen, mit der Springform ausschneiden und in den Kühlschrank legen. Übrigen Teig auf leicht bemehlter Arbeitsfläche ausrollen, Form damit auslegen, einen 4 cm hohen Rand formen. Boden mehrfach einstechen. Semmelbrösel und Nüsse mischen und aufstreuen.

3. Die Äpfel vierteln, schälen, entkernen, in feine Scheibchen schneiden und sofort mit 3 EL Zitronensaft mischen. Mit Rosinen, Zitronenschale, Mandelstiften, Zucker und Zimt vermengen und in die Form geben. Teigdeckel auf den Kuchen legen und fest an den Teigrand drücken. Mit verquirltem Eigelb bestreichen. Im Ofen (2. Schiene von unten) 45–50 Min. backen.

4. In der Form 10 Min. ruhen lassen, auf ein Kuchengitter gleiten lassen. Puderzucker und 1–2 EL Zitronensaft verrühren, erkalteten Kuchen damit bepinseln.

FÜR 1 SPRINGFORM
(Ø 26 CM, 16 STÜCKE)
ZUBEREITUNG: 40 MIN.
+ 60 MIN. KÜHLEN
BACKEN: CA. 50 MIN.
PRO STÜCK CA. 350 KCAL
6 g EW, 17 g F, 44 g KH

FÜR BODEN UND DECKEL:
300 g Mehl, 2 Eier
Salz, 100 g Zucker
50 g gemahlene Haselnüsse
150 g kalte Butter
Fett für die Form
Mehl zum Bestäuben und Ausrollen

FÜR FÜLLUNG UND GLASUR:
50 g Rosinen
50 g Semmelbrösel
50 g gemahlene Haselnüsse
750 g säuerliche Äpfel
4–5 EL Zitronensaft

abgeriebene Schale von 1 Bio-Zitrone
100 g Mandelstifte
100 g Zucker
1 TL Zimtpulver, 1 Eigelb
100 g Puderzucker
AUSSERDEM:
Backpapier zum Ausrollen

LIME PIE MIT BAISERHAUBE

1. Nach dem Grundrezept (S. 37) für den Mürbeteig alle Zutaten rasch zu einem Teig verkneten und 1 Std. kalt stellen.

2. Den Backofen auf 200° (Umluft 180°) vorheizen. Den Boden einer Springform einfetten und mit Mehl ausstäuben. Den Teig auf der bemehlten Arbeitsfläche ausrollen und die Form damit auslegen, dabei einen 3 cm hohen Rand formen. Den Teigboden mit Backpapier auslegen und mit Hülsenfrüchten beschweren (s. S. 37). Im Backofen (Mitte) 15 Min. »blind« backen, dann in der Form auf einem Kuchenrost auskühlen lassen. Hülsenfrüchte und Backpapier entfernen.

3. Inzwischen für die Füllung 2 Limetten heiß waschen, abtrocknen und die Schale fein abreiben. Alle Limetten auspressen (ergibt ca. 1/8 l Saft). Mit den Quirlen des Handrührgeräts Limettensaft und -schale mit den ganzen Eiern, Eigelben, Joghurt, Crème double und Puderzucker zu einer dickschaumigen Creme schlagen. Diese auf dem Mürbeteigboden verteilen. Im Backofen (Mitte) bei 180° (Umluft 160°) 30–35 Min. backen. Dann den Kuchen aus dem Ofen nehmen.

4. Den Backofen auf 220° (Umluft nicht geeignet) aufheizen. Für die Baisermasse die beiseitegestellten Eiweiße steif schlagen, dabei den Zucker langsam dazu rieseln lassen (S. 157). Die Baisermasse wolkenartig auf dem Kuchen verteilen. Im Ofen (Mitte) in 10 Min. zart bräunen. Abkühlen lassen.

★ PROFI-TIPP Ohne Baiserhaube die Lime Pie 10–15 Min. länger im Ofen bei 180° (Umluft 160°) stocken lassen. Er ist fertig, wenn sich die Füllung beim Hin- und Herrütteln kaum mehr bewegt.

FÜR 1 SPRINGFORM (Ø 26 CM, 12 STÜCKE)
ZUBEREITUNG: 50 MIN. + 60 MIN. KÜHLEN
BACKEN: CA. 60 MIN.
PRO STÜCK CA. 330 KCAL
6 g EW, 16 g F, 42 g KH

FÜR DEN TEIG:
1 Grundrezept Mürbeteig (S. 37)
6 Limetten
2 Eier
2 Eigelbe
150 g Joghurt
125 g Crème double
150 g Puderzucker
FÜR DIE BAISERHAUBE:
3 Eiweiße
120 g feiner Zucker

STACHELBEER-
KRÜMELKUCHEN

1. Butter mit Zucker, Zimt, Zitronenschale, 1 Prise Salz und Mehl mit den Händen zu lockeren, nicht zu festen Streuseln verkneten. Mandeln untermischen.

2. Ofen auf 200° (Umluft 180°) vorheizen. Die Stachelbeeren kalt abbrausen, putzen und trocken tupfen. Amaretti in einen Gefrierbeutel füllen, mit einer Teigrolle zerdrücken, Brösel mit den Beeren vermischen.

3. Die Springform einfetten und mit Mehl ausstäuben. Die Hälfte der Streusel gleichmäßig wie einen Boden in die Form drücken. Die Stachelbeermischung daraufgeben, übrige Streusel über die Stachelbeeren verteilen. Im Ofen (2. Schiene von unten) 30 Min. backen, bis die Oberfläche goldbraun ist. Abkühlen lassen, aus der Form lösen und mit Puderzucker bestäuben.

⭑ **DAS SCHMECKT DAZU** Mit etwas Mandellikör (z. B. Amaretto) gewürzte geschlagene Sahne.

⭑ **TAUSCH-TIPP** Statt Stachelbeeren zur Abwechslung entsteinte Sauerkirschen nehmen.

FÜR 1 SPRINGFORM
(Ø 26 CM, 12 STÜCKE)
ZUBEREITUNG: 30 MIN.
BACKEN: 30 MIN.
PRO STÜCK CA. 315 KCAL
5 g EW, 17 g F, 35 g KH

150 g weiche Butter
100 g Zucker
1 TL Zimtpulver
abgeriebene Schale von
  1 Bio-Zitrone
Salz
250 g Mehl

125 g gehackte Mandeln
500 g grüne Stachel-
  beeren
100 g Amaretti
Fett und Mehl für die Form
Puderzucker zum
  Bestäuben

APRIKOSEN-QUARK-BLECHKUCHEN

FÜR 1 BACKBLECH
(40 X 30 CM, 20 STÜCKE)
ZUBEREITUNG: 60 MIN.
+ 60 MIN. KÜHLEN
BACKEN: 60 MIN.
PRO STÜCK CA. 355 KCAL
9 g EW, 19 g F, 36 g KH

FÜR DEN TEIG:
360 g Mehl
180 g kalte Butter
120 g Zucker
1 Prise Salz, 2 Eier
Fett für das Blech
Mehl zum Bestäuben und
   Ausrollen

FÜR DEN BELAG:
1,2 kg frische Aprikosen
   (ersatzweise 4 Dosen
   Aprikosen à 240 g Abtropfgewicht)
6 Zwiebäcke
4 Eier
2 Eigelbe

100 g weiche Butter
100 g Zucker
2 Päckchen Vanillezucker
750 g Sahnequark
200 g saure Sahne
Saft und abgeriebene Schale
   von 2 Bio-Zitronen
200 g Aprikosenkonfitüre

1. Wie im Grundrezept (S. 37) beschrieben alle Zutaten
für den Teig zu einem Mürbeteig verkneten. 60 Min. in
den Kühlschrank legen.

2. Inzwischen für den Belag Aprikosen waschen, halbieren und entsteinen. (Dosenaprikosen in einem Sieb abtropfen lassen.) Zwieback in einem Gefrierbeutel
mit der Teigrolle zerdrücken. Eier und Eigelbe mit Butter,
Zucker und Vanillezucker cremig rühren. Quark und saure
Sahne untermischen, Zitronensaft und -schale hinzufügen.

3. Den Backofen auf 180° (Umluft 160°) vorheizen. Das
Backblech einfetten und mit Mehl ausstäuben. Den Teig
auf der bemehlten Arbeitsfläche etwa in der Größe des
Backbleches dünn ausrollen, dieses damit belegen und
mit den Fingern einen Rand formen. Die Zwiebackbrösel
auf dem Teig verteilen. Die Quarkmasse daraufgeben und
glatt streichen. Die Aprikosen mit der Wölbung nach oben
darauflegen. Den Kuchen im Ofen (Mitte) 1 Std. backen.

4. Kuchen aus dem Ofen nehmen. Konfitüre erwärmen
und durch ein Sieb streichen. Aprikosen damit einpinseln.

* TUNING-TIPP Den Kuchen vor dem Backen noch mit
Streuseln bestreuen: 60 g Mehl, 30 g Butter, 2 EL Zucker
und 1 EL Rum bröselig verkneten.

NUSSECKEN

FÜR 1 BACKBLECH
(40 X 30 CM, 32 STÜCK)
ZUBEREITUNG: 40 MIN.
+ 60 MIN. KÜHLEN
BACKEN: CA. 20 MIN.
PRO STÜCK CA. 260 KCAL
4 g EW, 17 g F, 23 g KH

FÜR DEN TEIG:
300 g Mehl
1 TL Backpulver
150 g Zucker
Salz
2 Eier
150 g weiche Butter

Mehl zum Arbeiten und
 Bestäuben
Fett für das Backblech
FÜR DEN BELAG:
100 g Butter
100 g Zucker
2 EL flüssiger Honig

200 g gehackte
 Haselnüsse
200 g gehackte Mandeln
150 g rotes Johannisbeer-
 gelee
200 g dunkle Schoko-
 ladenglasur

1. Für den Teig das Mehl mit dem Backpulver mischen und in eine Schüssel sieben. Nach und nach den Zucker, 1 Prise Salz, Eier und Butter dazugeben. Alles mit den Knethaken des Handrührers gut durcharbeiten, dann auf der bemehlten Arbeitsfläche mit den Händen rasch zu einem Teig verkneten. 60 Min. kalt stellen.

2. Inzwischen den Backofen auf 200° (Umluft 180°) vorheizen. Ein Backblech einfetten und mit Mehl aus-stäuben. Für den Belag Butter, Zucker, Honig und 4 EL Wasser in einem Topf aufkochen. Nüsse und Mandeln untermischen, die Masse abkühlen lassen.

3. Den Teig auf dem bis in die Ecken ausrollen. Mit einer Gabel mehrmals einstechen. Das Gelee erwärmen und auf den Teig streichen. Dann die Nussmasse darauf verteilen und leicht andrücken. Im Ofen (2. Schiene von unten) 15–20 Min. backen.

4. Die Teigplatte 10 Min. abkühlen lassen, noch warm in 16 ca. 8 x 8 cm große Quadrate und dann diagonal in Dreiecke schneiden. Vollständig abkühlen lassen.

5. Die Glasur nach Packungsangabe im Wasserbad schmelzen. Die Kanten der Nussecken in die Glasur tau-chen, leicht abstreifen. Auf Backpapier trocknen lassen.

FRÜCHTE-SCONES

1. Die Rosinen in warmem Wasser einweichen. Mehl mit Backpulver mischen und in eine Schüssel sieben. Zucker, Vanillezucker, 1 Prise Salz und Butter in Stückchen dazugeben. Alles mit den Händen zu Streuseln verarbeiten. Milch und Ei verquirlen, nach und nach zu der Mischung geben und mit einem Gummispatel zügig vermischen. Nicht zu lange kneten, da der Teig sonst zäh wird. Rosinen gut abtropfen lassen, mit der Früchtemischung unterheben.

2. Das Backblech mit Backpapier auslegen. Den Teig auf wenig Mehl kurz durchkneten und etwa 2,5 cm dick ausrollen. Einen Ring oder ein Glas in Mehl tauchen und damit Kreise von 5 cm Ø ausstechen. Teigreste immer wieder ausrollen und ausstechen. Die Taler auf das Blech legen. Eigelb mit 1 EL Wasser verrühren, Scones damit bestreichen und 60 Min. kalt stellen.

3. Den Backofen auf 200° (Umluft 180°) vorheizen. Die Scones (2. Schiene von unten) 15–20 Min. backen.

★ DAS SCHMECKT DAZU Wecken Sie den Engländer in sich und genießen Sie die Scones zur Teatime am Nachmittag – am besten lauwarm mit Butter, Marmelade und geschlagener Sahne. Köstlich!

FÜR 1 BACKBLECH
(40 X 30 CM, 12 STÜCK)
ZUBEREITUNG: 30 MIN.
+ 60 MIN. KÜHLEN
BACKEN: CA. 20 MIN.
PRO STÜCK CA. 215 KCAL
5 g EW, 8 g F, 31 g KH

50 g Rosinen
330 g Mehl
2 gestrichene TL Backpulver
2 EL Zucker
1 Päckchen Vanillezucker
Salz
75 g kalte Butter
150 ml Milch

1 Ei
60 g Früchte-Mix
  (gewürfelt; Zitronat,
  Orangeat, kandierte
  Kirschen und Melonen)
1 Eigelb
Mehl zum Arbeiten
AUSSERDEM:
Backpapier für das Blech

MOKKATALER

FÜR 1 BACKBLECH
(30 X 40 CM, 25 STÜCK)
ZUBEREITUNG: 30 MIN.
+ 60 MIN. KÜHLEN
BACKEN: 12 MIN.
PRO STÜCK CA. 85 KCAL
1 g EW, 4 g F, 12 g KH

1 Grundrezept Mürbeteig
(S. 37)
2 TL lösliches Espressopulver

1 Päckchen Vanillezucker
50 g feiner Zucker

AUSSERDEM:
Backpapier für das Blech

1. Nach dem Grundrezept (S. 37) einen Mürbeteig herstellen, dabei das Espressopulver und den Vanillezucker einarbeiten. Den Teig 60 Min. kühl stellen.

2. Den Backofen auf 200° (Umluft 180°) vorheizen. Den Teig auf der bemehlten Arbeitsfläche 5 mm dünn ausrollen. Mit einem bemehlten Glas oder Plätzchenausstecher Taler von 5 cm Ø ausstechen. Teigreste immer wieder verkneten, erneut ausrollen und weitere Taler ausstechen. Sofort auf ein mit Backpapier belegtes Backblech legen. Im Backofen (2. Schiene von unten) 10–12 Min. backen.

3. Die Mokkataler vom Blech abheben, noch heiß in dem Zucker wenden und diesen leicht andrücken. Die Mokkataler auf einem Kuchengitter abkühlen lassen.

★ DAS SCHMECKT DAZU Milchkaffee oder Espresso.

VANILLE**KIPFERL**

FÜR 2 BACKBLECHE
(À 40 X 30 CM, 55 STÜCK)
ZUBEREITUNG: 75 MIN.
+ 2 STD. KÜHLEN
BACKEN: CA. 14 MIN.
PRO STÜCK CA. 75 KCAL
1 g EW, 4 g F, 8 g KH

120 g geschälte,
    gemahlene Mandeln
200 g weiche Butter
200 g Puderzucker
3 Päckchen Bourbon-Vanille-
    zucker

Salz
2 Eigelbe
280 g Mehl
Mehl zum Arbeiten
AUSSERDEM:
Backpapier für das Blech

1. Die Mandeln in einer Pfanne ohne Fett rösten, bis sie duften, dann abkühlen lassen.

2. Die Butter mit 100 g Puderzucker, 2 Päckchen Vanillezucker und 1 Prise Salz zu einer geschmeidigen Creme rühren. Die Eigelbe dazugeben und mit den Knethaken des Handrührgeräts kurz unterarbeiten. Das Mehl und die Mandeln unterkneten. Den Teig auf der bemehlten Arbeitsfläche glatt verkneten und zu drei Rollen mit 3 cm Ø formen. In Folie gewickelt 2 Std. kalt stellen.

3. Den Backofen auf 180° (Umluft 160°) vorheizen. Zwei Backbleche mit Backpapier belegen. Von den Teigrollen 1,5 cm breite Stücke abschneiden, diese zu etwa 5 cm langen Rollen formen und dabei die Enden etwas dünner rollen. Die Röllchen leicht zu Hörnchen biegen und auf die vorbereiteten Bleche legen. Nacheinander (bei Umluft zusammen) im Ofen (2. Schiene von unten) 12–14 Min. backen.

4. Übrigen Puderzucker mit 1 Päckchen Vanillezucker mischen. Die heißen Kipferl vorsichtig darin wenden und auf einem Kuchenrost erkalten lassen.

★ TAUSCH-TIPP Die Mandeln zur Abwechslung mal durch gemahlene Haselnüsse ersetzen.

LAUCHTORTE

FÜR 1 SPRINGFORM
(Ø 26 CM, 12 STÜCKE)
ZUBEREITUNG: 50 MIN.
+ 60 MIN,. KÜHLEN
BACKEN: 50 MIN.
PRO STÜCK CA. 380 KCAL
10 g EW, 30 g F, 17 g KH

FÜR DEN TEIG:
250 g Weizenmehl
(Type 1050), Salz
125 g Butterschmalz, 1 Ei
Mehl zum Ausrollen
und für die Form
Fett für die Form

FÜR DEN BELAG:
3 Stangen Lauch
(ca. 800 g)
1 kleine rote Paprikaschote
100 g geräucherter Speck
1 EL Öl
Salz

schwarzer Pfeffer
150 g mittelalter Gouda
2 Eier
2 Eigelbe
200 g Crème fraîche
rosenscharfes Paprika-
pulver

1. Nach dem Grundrezept (S. 37) aus Mehl, 1/2 TL Salz, Butterschmalz, Ei und 2–3 EL kaltem Wasser einen Mürbeteig kneten. 60 Min. kalt stellen.

2. Lauch waschen, putzen und in 1 cm dünne Scheiben schneiden. Paprikaschote putzen, entkernen und ebenso wie den Speck in kleine Würfel schneiden. Öl in einer Pfanne erhitzen, Speck darin bei mittlerer Hitze auslassen. Lauch und Paprika dazugeben, 2–3 Min. mitdünsten, mit Salz und Pfeffer würzen. Vom Herd nehmen.

3. Den Backofen auf 200° (Umluft 180°) vorheizen. Den Boden der Springform einfetten und mit Mehl ausstäuben. Den Teig auf der bemehlten Arbeitsfläche ausrollen, die Form damit auskleiden und dabei einen 3 cm hohen Rand formen. Teig mehrmals einstechen und im Ofen (Mitte) 10 Min. »blind« vorbacken (s. S. 37).

4. Inzwischen den Käse reiben. Eier, Eigelbe und Crème fraîche mit Salz, Pfeffer und Paprikapulver verrühren. Form aus dem Ofen nehmen, Hülsenfrüchte und Papier entfernen. Lauch-Speck-Mischung abwechselnd mit dem Käse auf dem Boden verteilen. Eiermasse darübergießen, Käse daraufstreuen. Im Backofen (Mitte) in 40 Min. fertigbacken. Kuchen herausnehmen, 10 Min. ruhen lassen, dann erst aus der Form lösen und noch warm genießen.

QUICHE LORRAINE

1. Wie im Grundrezept (S. 37) beschrieben aus Mehl, 1/2 TL Salz, Butter, Eigelb und 1–2 EL Wasser einen Mürbeteig zubereiten und 60 Min. kalt stellen.

2. Den Backofen auf 200° (Umluft 180°) vorheizen. Die Springform einfetten und mit Mehl ausstäuben. Den Teig auf der bemehlten Arbeitsfläche ausrollen. Boden und Rand der Springform etwa 2 cm hoch mit dem Teig auskleiden, mit einer Gabel mehrmals einstechen. Im heißen Backofen (2. Schiene von unten) 10 Min. »blind« backen (s. S. 37).

3. Inzwischen für den Belag den Speck fein würfeln. Käse fein reiben. Eier und Sahne mit Salz und Pfeffer gründlich verquirlen. Speck und die Hälfte vom Käse auf dem vorgebackenen Teig verteilen, Guss darübergießen. Mit dem übrigen Käse bestreuen. Im Ofen (Mitte) 30 Min. backen.

★ DAS SCHMECKT DAZU Die Quiche kann man heiß als Hauptgericht mit einem kleinen Salat zum Mittagessen servieren oder abends für mehrere Personen als Snack zu einem Glas Wein. Sie schmeckt aber auch kalt sehr gut, z. B. bei einem Picknick.

FÜR 1 SPRINGFORM
(Ø 26 CM, 12 STÜCKE)
ZUBEREITUNG: 35 MIN.
+ 60 MIN. KÜHLEN
BACKEN: 40 MIN.
PRO STÜCK CA. 280 KCAL
12 g EW, 20 g F, 12 g KH

FÜR DEN TEIG:
175 g Mehl
Salz
75 g kalte Butter
1 Eigelb
Mehl zum Bestäuben
 und Ausrollen
Fett für die Form

FÜR DEN BELAG:
200 g magerer Schinken-
 speck
200 g Emmentaler
3 Eier
200 g Sahne
Salz
schwarzer Pfeffer

BACKEN
MIT HEFETEIG

CRASHKURS HEFETEIG

Backpulver setzt bei Hitze CO_2 frei und treibt selbst schwere Teige hoch. Gibt es auch natürlich: aus Weinstein.

Frische Hefe besteht aus lebenden Zellen, die den Teig aufgehen lassen. Meist als Würfel gepresst im Angebot.

Trockenhefe ist als Pulver im Tütchen erhältlich und unkompliziert im Handling: Einfach unter das Mehl mischen.

Natursauerteig gibt es flüssig im Folienbeutel. Er macht Roggenbrot locker und sorgt für kräftigen Geschmack.

WAS TREIBT DEN TEIG IN DIE HÖHE?

Verschiedene Treibmittel sorgen dafür, dass Luft in den Teig gelangt und Gebäck locker und Brot feinporig wird. **Backpulver** ist eine Mischung aus mehreren chemischen Stoffen, unter anderem Natron und einer Säure. Durch das Einwirken von Feuchtigkeit und Wärme entwickelt sich daraus im Teig das Gas Kohlendioxid. Dieses treibt selbst schwere Teige in die Höhe und macht sie locker. Im Naturkostregal und Reformhaus gibt es Backpulver mit natürlichem Weinstein als Säure. Es wird wie gängiges Backpulver einfach unter das Mehl gemischt.

Hefe besteht aus lebenden Zellen, die zu den Pilzen zählen. Sie brauchen etwas Zucker als Nahrung, um sich vermehren zu können, außerdem ab und zu eine Ruhepause, keine Zugluft und wohlige Wärme, aber keine Hitze. Zimmertemperatur genüg, perfekt sind etwa 37°. Bei dieser Temperatur bilden die Hefezellen Kohlendioxid, das den Teig aufgehen lässt. Frische Hefe kauft man in Würfelform gepresst (42 g). Sie muss seidig schimmern, elastisch sein und angenehm frisch-säuerlich duften. Was nicht sofort verbraucht wird, hält sich zwei Wochen im Kühlschrank oder bis zu einem Jahr im Gefriergerät. Trocken- oder Instanthefe wird als Pulver in 7-g-Tütchen angeboten. Das entspricht 1/2 Würfel Hefe.

Praktisch: Man kann Trockenhefe monatelang auf Vorrat lagern. Sie hat aber weniger Triebkraft als Frischhefe. **Sauerteig** braucht man als Backmittel zur Lockerung von Teigen aus Roggen- oder Vollkornmehl. Grundlage ist ein Gemisch aus Roggenmehl und Wasser, das durch Milchsäurebakterien gesäuert und durch Hefen vergoren wird. Mit Sauerteig gebackenes Gebäck und Brot besticht durch seinen kräftigen, leicht säuerlichen Geschmack. Flüssigen Natursauerteig gibt's im Supermarkt oder Reformhaus zu 150 g abgepackt. Er wird direkt in den Teig eingearbeitet. Ebenso der zu Pulver getrocknete Sauerteigextrakt aus dem Tütchen bzw. der Dose (Reformhaus/Naturkostladen).

HEFETEIG: LOCKER MIT AUFTRIEB

Wenn Sie genug Zeit, eine gut temperierte Küche (Heizung auf, Fenster und Türen zu!) und Kenntnisse über die Hefe haben (siehe links), können Sie loslegen. Die klassische Art, einen Hefeteig zuzubereiten, zeigen wir auf den Fotos rechts. Um sein Volumen möglichst schnell zu verdoppeln, muss der Teig an einem warmen Ort gehen. Der darf aber nicht wärmer sein als 40°, sonst stirbt die Hefe ab. Am besten: Den Ofen 3 Min. auf 40° vorheizen (Umluft niedrigste Stufe), dann ausschalten und den Teig zum Aufgehen hineingeben.

HEFETEIG

1. Das Mehl in eine große Rührschüssel sieben. In die Mitte mit einem Löffel eine Mulde drücken. Die Hefe hineinbröckeln.

2. Die Milch in einem Topf bei kleiner Hitze erwärmen und 5 EL davon über die Hefe gießen. 1 Prise Salz und 50 g Zucker zufügen.

3. Hefe mit der Milch und 2–3 EL Mehl vom Rand mit einer Gabel zu einem dicken Brei verrühren. Vorteig mit etwas Mehl bestäuben.

FÜR 1 GRUNDREZEPT
400 g Mehl
1 Würfel Hefe (ca. 40 g)
200 ml Milch, Salz
125 g Zucker
1 Ei
150 g Butter
Mehl zum Arbeiten
Fett für das Blech

BEI 20 STÜCKEN PRO STÜCK
CA. 165 KCAL
3 g EW, 8 g F, 21 g KH

4. Die Schüssel mit einem Tuch abdecken. Den Hefeansatz bei Zimmertemperatur 15 Min. gehen lassen, bis das Mehl auf der Oberfläche Risse zeigt.

5. Ei, 50 g weiche Butter und die übrige Milch dazugeben. Alles mit den Knethaken des Handmixers zu einem glatten Teig verkneten – er soll sich vom Schüsselboden lösen.

6. Die Arbeitsfläche mit Mehl bestäuben. Den Teig darauf mit den Handballen noch 5 Min. kräftig durchkneten, bis er schön glänzt, glatt und elastisch ist.

7. Einen Teigkloß formen, zurück in die Schüssel legen, mit einem Tuch abgedeckt 1 Std. gehen lassen, bis er sein Volumen verdoppelt hat.

8. Teig erneut auf wenig Mehl durchkneten und dünn ausrollen. Auf ein gefettetes Blech legen, Ränder hoch drücken. 15 Min. gehen lassen.

9. Übrige Butter in Flöckchen und restlichen Zucker auf dem Teig verteilen. Im Ofen bei 200° (Umluft 180°; Mitte) 20–25 Min. backen.

1. ROSINEN-GUGELHUPF

1. 150 g Rosinen in 100 ml Rum einweichen. Hefe-Vorteig (Grundrezept) mit 5 EL Milch, Salz, 50 g Zucker herstellen, gehen lassen.

2. Rosinen abgießen, mit Mehl bestäuben. Mit 2 Eiern, 200 g weicher Butter, 80 g gehackten Mandeln und 50 ml Milch unterkneten.

3. Teig nach 60 Min. Gehzeit in die gefettete Form geben, 30 Min. gehen lassen. Im Ofen (180°, Umluft 160°; 2. Schiene) 1 Std. backen.

2. HEFEZOPF

1. Hefeteig (Grundrezept) mit 100 ml Milch herstellen, gehen lassen. Dritteln und auf Mehl drei 30 cm lange Stränge formen.

2. Teigstränge mit der Nahtstelle nach unten zu einem Zopf flechten. Auf einem gefetteten, bemehlten Blech 30 Min. gehen lassen.

3. Zopf mit 1 Eigelb einpinseln, mit 2 EL Mandelblättchen bestreuen. Im Ofen bei 180° (Umluft 160°; 2. Schiene v. unten) 40 Min. backen.

3. BERLINER

1. Hefeteig (Grundrezept) herstellen und gehen lassen. Auf Mehl 1–2 cm dick ausrollen. Kreise (Ø 7 cm) ausstechen, 15 Min. gehen lassen.

2. 1 l Ausbackfett erhitzen. Die Teigstücke portionsweise beidseitig 3–5 Min. backen. Herausheben und auf Küchenpapier abtropfen lassen.

3. 250 g Himbeerkonfitüre in einen Spritzbeutel mit langer Tülle füllen, portionsweise in die Krapfen spritzen. Noch warm in Zucker wälzen.

4. ROGGENMISCHBROT

1. 600 g Roggen- (Type 1150) und 300 g Weizenmehl (550) mit 2 Pck. Trockenhefe, 1 TL Zucker, 2 TL Salz mischen. 150 g Sauerteig zufügen.

2. Alles mit 1/2 l lauwarmem Wasser zum glatten Teig verkneten. 1 Std. gehen lassen, durchkneten, zum Laib geformt 30 Min. gehen lassen.

3. Brot mehrmals schräg einschneiden. Im Ofen (220°; Umluft 200°; Mitte) 45 Min. backen, ein Gefäß mit heißem Wasser mit reinstellen.

5. PIZZATEIG

1. Aus 400 g Mehl, 1/2 TL Salz, 1 Würfel Hefe, 1 Prise Zucker, 190 ml Wasser und 2 EL Olivenöl einen Hefeteig (Grundrezept) zubereiten.

2. Teig auf bemehlter Arbeitsfläche kräftig durchkneten, zur Kugel formen. Mit einem Tuch abdecken, 30 Min. aufgehen lassen.

3. 1/4 vom Teig auf Mehl durchkneten, dünn ausrollen, behutsam auf ein geöltes Blech legen. Wie im Rezept beschrieben weiterverarbeiten.

6. BRÖTCHEN

1. 500 g Weizenmehl (Type 550), 1 TL Salz, ca. 300 ml lauwarmes Wasser, 40 g Hefe, 1 TL Zucker und 50 g Butter verkneten.

2. Zugedeckt 30 Min. ruhen lassen, erneut durchkneten, in 12 Portionen teilen, zu Brötchen formen. Auf gefettetem Blech 20 Min. gehen lassen.

3. Mit 2 EL Milch bepinseln, mit Sesam, Mohn oder Haferflocken bestreuen. Im Ofen (Mitte) bei 200° (Umluft 180°) 15 Min. backen.

BIENENSTICH (UNGEFÜLLT)

FÜR 1 BACKBLECH
(40 × 30 CM, 20 STÜCKE)
ZUBEREITUNG: 45 MIN.
+ 90 MIN. GEHEN
BACKEN: CA. 30 MIN.
PRO STÜCK CA. 380 KCAL
6 g EW, 25 g F, 32 g KH

1 Grundrezept Hefeteig
(S. 57)
abgeriebene Schale von
1 Bio-Zitrone

200 g Butter
250 g flüssiger Honig
6 EL Sahne
300 g Mandelblättchen

AUSSERDEM:
eventuell Backpapier
zum Abdecken

1. Einen Hefeteig nach dem Grundrezept (S. 57) zubereiten, dabei die Zitronenschale einarbeiten. Den Teig an einem warmen Ort 1 Std. gehen lassen.

2. Das Backblech einfetten. Teig nochmals durchkneten, ausrollen und das Blech damit auslegen. Mit einem Tuch abdecken und an einem warmen Ort noch 15 Min. gehen lassen.

3. Inzwischen den Backofen auf 200° (Umluft 180°) vorheizen. Für den Belag die Butter, den Honig und die Sahne aufkochen und die Mandeln darunterrühren. Die Masse abkühlen lassen, bis sie lauwarm ist.

4. Mandel-Honig-Mischung gleichmäßig auf den Teig streichen. Im Ofen (2. Schiene von unten) 25–30 Min. backen. Nach 20 Min. kontrollieren – falls der Kuchen zu dunkel wird, mit Backpapier abdecken.

EIERSCHECKE

FÜR 1 BACKBLECH
(40 X 30 CM, 20 STÜCKE)
ZUBEREITUNG: 30 MIN.
+ 90 MIN. GEHEN
BACKEN: CA. 30 MIN.
PRO STÜCK CA. 375 KCAL
5 g EW, 13 g F, 32 g KH

1 Grundrezept Hefeteig
 (S. 57)
5 Eier
100 g Butter
150 g Zucker
1 EL Speisestärke

Salz
100 g Rosinen
Puderzucker zum
 Bestäuben

1. Nach dem Grundrezept (S. 57) einen Hefeteig herstellen und gehen lassen. Das Backblech einfetten. Den Teig durchkneten, ausrollen und das Blech damit auskleiden. Mit einem Tuch abdecken, nochmals an einem warmen Ort 15 Min. gehen lassen.

2. Inzwischen den Backofen auf 180° (Umluft 160°) vorheizen. Für den Belag die Eier trennen. Die Butter in einem Topf zerlassen und lauwarm abkühlen lassen. Die Eigelbe mit dem Zucker und der zerlassenen Butter zu einer dicken Creme schlagen und die Speisestärke unterrühren. Die Eiweiße mit 1 Prise Salz steif schlagen (s. S. 83) und unter die Eigelbcreme heben.

3. Die Eiercreme auf den gegangenen Hefeteig streichen. Rosinen waschen, gut trocken tupfen und darüberstreuen. Im Ofen (2. Schiene von unten) 25–30 Min. backen.

4. Eierschecke etwas abkühlen lassen, mit Puderzucker bestäuben und in Stücke schneiden.

★ TUNING-TIPP Für mehr Knack und Biss streuen Sie zusammen mit den Rosinen noch 2 EL Pinienkerne oder Mandelstifte auf die Eiercreme.

ZWETSCHGEN-DATSCHI

1. Den Teig nach dem Grundrezept (S. 57) herstellen, 1 Std. gehen lassen. Blech einfetten. Teig ausrollen und auf das Blech legen. Mit den Semmelbröseln bestreuen, abgedeckt erneut 15 Min. gehen lassen.

2. Inzwischen die Zwetschgen waschen und aufschneiden, die Steine herauslösen. Oder die Früchte mit einem Zwetschgen-Entsteiner entsteinen und dann mit einem Messer aufschneiden.

3. Den Backofen auf 200° (Umluft 180°) vorheizen. Die Zwetschgen aufklappen und mit der Schale nach unten dicht an dicht und leicht überlappend auf den Teig drücken. Den Zucker mit dem Zimt vermischen und darüberstreuen. Butter in Flöckchen auf dem Kuchen verteilen. Im Ofen (Mitte) 40 Min. backen.

★ DAS SCHMECKT DAZU Geschlagene Sahne.

★ TUNING-TIPP Der Zwetschgenkuchen schmeckt auch mit Zimtstreuseln super (s. Tipp S. 63). Den Zimtzucker dann weglassen.

FÜR 1 BACKBLECH
(40 X 30 CM, 20 STÜCKE)
ZUBEREITUNG: 50 MIN.
+ 90 MIN. GEHEN
BACKEN: 40 MIN.
PRO STÜCK CA. 355 KCAL
4 g EW, 11 g F, 34 g KH

1 Grundrezept Hefeteig
   (S. 57)
4 EL Semmelbrösel
1,5 kg Zwetschgen
100 g Zucker
1/2 TL Zimtpulver
75 g Butter

APFELKUCHEN MIT ROSINEN

FÜR 1 BACKBLECH
(40 X 30 CM, 20 STÜCKE)
ZUBEREITUNG: 50 MIN.
+ 90 MIN. GEHEN
BACKEN: 45 MIN.
PRO STÜCK CA. 370 KCAL
5 g EW, 13 g F, 35 g KH

1 Grundrezept Hefeteig
(S. 57)
100 g Rosinen
4 EL Rum (ersatzweise Zitronensaft)
1,5 kg säuerliche Äpfel (z. B.
Boskoop, Golden Delicious)

Saft und abgeriebene Schale
von 1 Bio-Zitrone
50 g Butter
50 g Zucker
100 g Mandelstifte

1. Hefeteig nach dem Grundrezept (S. 57) zubereiten, 1 Std. gehen lassen. Backblech fetten, Teig ausrollen und auf das Backblech legen. Erneut 15 Min. gehen lassen.

2. Inzwischen die Rosinen in dem Rum einweichen. Die Äpfel schälen und vierteln, dabei die Kerngehäuse entfernen. Die Viertel längs in schmale Spalten schnei-den. Sofort mit dem Zitronensaft beträufeln und darin wenden, damit sie sich nicht braun verfärben.

3. Den Backofen auf 180° (Umluft 160°) vorheizen. Die Apfelspalten dachziegelartig dicht an dicht auf dem Teigboden verteilen. Die Butter schmelzen und die Äpfel damit bepinseln. Zucker und abgeriebene Zitronenschale mischen und darüberstreuen. Zum Schluss die Rosinen und Mandelstifte auf dem Kuchen verteilen. Im Backofen (Mitte) 40–45 Min. backen. Aus dem Ofen nehmen, ab-kühlen lassen und in Stücke schneiden.

★ TAUSCH-TIPP Statt mit Rumrosinen und Mandelstiften können Sie den Apfelkuchen auch mit Zimtstreuseln backen. Dafür 150 g gesiebtes Mehl, 100 g kalte Butter in Würfeln, 100 g Zucker und 1 TL gemahlenen Zimt mit den Händen zu krümeligen Streuseln vermischen und diese vor dem Backen über die Äpfel streuen.

SCHWEIZER BEERENWÄHE

FÜR 1 SPRINGFORM
(26 CM Ø, 12 STÜCKE)
ZUBEREITUNG: 45 MIN.
+ 90 MIN. GEHEN
BACKEN: CA. 45 MIN.
PRO STÜCK CA. 290 KCAL
7 g EW, 16 g F, 29 g KH

1/2 Grundrezept Hefeteig
(S. 57)
1 Eigelb
6 Löffelbiskuits
50 g gemahlene
Mandeln

400 g gemischte frische
oder TK-Beeren, angetaut
(z. B. Brombeeren, Erd-
beeren, Himbeeren,
Heidelbeeren)
3 Eier, 150 g saure Sahne

100 g Crème légère
50 g Zucker
1 Päckchen Bourbon-
Vanillezucker
Mehl zum Bestäuben
Puderzucker zum Bestäuben

1. Teig nach Grundrezept (S. 57) zubereiten, dabei 1 Eigelb anstelle des Eis unterkneten. Gehen lassen, 1–2 cm dick ausrollen. Springform fetten. Teig hineinlegen, Rand andrücken.

2. Die Löffelbiskuits in einem Gefrierbeutel mit der Teigrolle zerdrücken. Mit der Hälfte der Mandeln mischen und auf den Teigboden streuen. 15 Min. gehen lassen. Den Ofen auf 180° (Umluft 160°) vorheizen. Beeren verlesen, abbrausen, trocken tupfen. Erdbeeren halbieren. Eier, saure Sahne, Crème légère, Zucker, Vanillezucker und übrige Mandeln verquirlen.

3. Beeren auf dem Teig verteilen, mit Mehl bestäuben. Eiermasse darübergießen. Im Ofen (2. Schiene von unten) 40–45 Min. backen. Warm oder kalt mit Puderzucker bestäubt reichen.

KIRSCH-KOKOS-KUCHEN

FÜR 1 BACKBLECH
(30 X 40 CM, 20 STÜCKE)
ZUBEREITUNG: 45 MIN.
+ 90 MIN. GEHEN
BACKEN: 30 MIN.
PRO STÜCK CA. 300 KCAL
5 g EW, 14 g F, 36 g KH

1 Grundrezept Hefeteig
(S. 57)
1 kg entsteinte TK-Schatten-
morellen
150 g Zucker
1 EL Mehl
150 g Crème fraîche

200 g ungesüßte Kokosmilch
(Dose)
1 Päckchen Vanille-
Puddingpulver
1 Ei
100 g Kokosraspel
Puderzucker zum Bestäuben

1. Einen Hefeteig nach Grundrezept (S. 57) zubereiten
und 1 Std. gehen lassen.

2. Für den Belag die Kirschen 20 Min. antauen lassen,
dann mit 50 g Zucker und dem Mehl vermischen. Backblech fetten. Den Teig ausrollen, auf das Backblech legen
und mit einem Tuch abgedeckt 15 Min. gehen. lassen.

3. Inzwischen Backofen auf 200° (Umluft 180°) vorheizen. Crème fraîche, Kokosmilch, restlichen Zucker, Vanille-
puddingpulver und Ei verrühren.

4. Die angetauten Kirschen auf dem Teigboden verteilen,
die Kokoscreme daraufstreichen und mit den Kokosras-
peln bestreuen. Den Kuchen im heißen Backofen (Mitte)
30 Min. backen. Den Kuchen herausnehmen, auskühlen
lassen und mit Puderzucker bestäuben.

★ TAUSCH-TIPP Anstelle der Kirschen können Sie auch
1 Mango (ca. 400 g) und 600 g Äpfel nehmen. Die Mango
schälen, das Fruchtfleisch vom Stein schneiden und quer
in ca. 1/2 cm dicke Spalten schneiden. Die Äpfel schälen,
vierteln, entkernen und in Spalten schneiden. Sofort mit
3 EL Zitronensaft beträufeln.

ROSENKUCHEN MIT MARZIPAN

1. Einen Hefeteig wie im Grundrezept (S. 57) beschrieben aus den angegebenen Zutaten herstellen, dabei die abgeriebene Orangenschale mit einarbeiten. Teig 1 Std. gehen lassen.

2. Inzwischen die Springform einfetten und leicht mit Mehl bestäuben. Die Aprikosen klein würfeln und im Rum einweichen. Die Marzipanmasse mit Butter, Crème fraîche und Milch mit dem Pürierstab zu einer glatten Masse pürieren.

3. Den Teig auf der bemehlten Arbeitsfläche zu einem Rechteck von ca. 50 x 30 cm ausrollen. Die Marzipancreme darauf verstreichen, dabei einen 1 cm breiten Rand freilassen. Aprikosen und Mandeln darauf verteilen. Teig von der Längsseite her aufrollen.

4. Die Teigrolle mit einem scharfen Messer in ca. 4 cm dicke Scheiben schneiden. Die Röllchen mit der Schnittfläche nach oben nebeneinander in die vorbereitete Springform setzen. Zugedeckt 15–20 Min. gehen lassen.

5. Den Backofen auf 200° (Umluft 180°) vorheizen. Eigelb mit 1 EL Wasser verrühren und die Hefeschnecken damit einpinseln. Den Kuchen im Ofen (2. Schiene von unten) 20–25 Min. backen.

6. Den Kuchen zunächst 10 Min. ruhen lassen, dann aus der Form lösen und auf einem Kuchenrost abkühlen lassen. Vor dem Servieren nach Belieben mit Puderzucker bestäuben.

FÜR 1 SPRINGFORM (26 CM Ø, 12 STÜCKE)
ZUBEREITUNG: 75 MIN. + 95 MIN. GEHEN
BACKEN: CA. 25 MIN.
PRO STÜCK CA. 420 KCAL
10 g EW, 18 g F, 54 g KH

FÜR DEN TEIG:
500 g Mehl
1 Würfel frische Hefe (ca. 40 g)
1/4 l lauwarme Milch
Salz
80 g Zucker
50 g weiche Butter
1 Ei
1 TL abgeriebene Schale von 1 Bio-Orange
Fett für die Form
Mehl zum Ausrollen und für die Form
FÜR DIE FÜLLUNG:
150 g getrocknete Aprikosen
4 EL Rum (ersatzweise Orangensaft)
150 g weiche Marzipanrohmasse
2 EL Butter
100 g Crème fraîche
6 EL Milch
100 g gehackte Mandeln
1 Eigelb
Puderzucker zum Bestäuben (nach Belieben)

NUSSBROT

FÜR 1 KASTENFORM
(30 CM, 16 STÜCKE)
ZUBEREITUNG: 50 MIN.
+ 95 MIN. GEHEN
BACKEN: 30 MIN.
PRO STÜCK CA. 370 KCAL
8 g EW, 18 g F, 44 g KH

FÜR DEN TEIG:
500 g Mehl, 1 Würfel
  frische Hefe (ca. 40 g)
80 g Zucker, Salz
1/4 l Milch, 1 Ei
50 g weiche Butter
abgeriebene Schale von
  1 Bio-Zitrone

Fett für die Form
Mehl zum Ausrollen und
  für die Form
FÜR FÜLLUNG UND GLA-
SUR:
250 g gemahlene Hasel-
  nüsse
50 g gehackte Walnüsse

50 g Semmelbrösel
80 g brauner Zucker
Saft von 1 Zitrone
7–8 EL Rum (ersatzweise
  Orangensaft)
6 EL Sahne
100 g Puderzucker
1 EL gehackte Haselnüsse

1. Wie im Grundrezept (S. 57) beschrieben den Hefeteig aus Mehl, Hefe, Zucker, 1 Prise Salz, Milch, Ei und Butter herstellen, dabei Zitronenschale mit einarbeiten. Teig 1 Std. gehen lassen. Die Kastenform einfetten und leicht mit Mehl bestäuben.

2. Für die Füllung gemahlene Haselnüsse, Walnüsse, Semmelbrösel, Zucker, Zitronensaft, 6 EL Rum und Sahne zu einer streichfähigen Masse verrühren.

3. Den Teig auf der bemehlten Arbeitsfläche zu einer dünnen Platte von 30 x 40 cm Größe ausrollen. Die Nussmasse gleichmäßig daraufstreichen. Den Teig von der Breitseite her aufrollen, in die vorbereitete Form legen und nochmals zugedeckt 15–20 Min. gehen lassen.

4. Inzwischen den Backofen auf 200° (Umluft 180°) vorheizen. Die Teigoberfläche mehrmals diagonal mit einem scharfen Messer einschneiden. Im Backofen (2. Schiene von unten) 30 Min. backen.

5. Das Nussbrot aus dem Ofen nehmen, nach 10 Min. Ruhezeit aus der Form lösen und auf einem Rost erkalten lassen. Den Puderzucker mit dem übrigen Rum zu einer Glasur verrühren und das Brot damit bestreichen. Sofort mit den gehackten Nüssen bestreuen.

MOHN**ZOPF**

FÜR 1 BACKBLECH
(30 X 40 CM, 16 STÜCKE)
ZUBEREITUNG: 30 MIN.
+ 105 MIN. GEHEN
BACKEN: 45 MIN.
PRO STÜCK CA. 330 KCAL
8 g EW, 16 g F, 39 g KH

1 Grundrezept Hefeteig
 (S. 57), jedoch mit
 nur 100 ml Milch
2 Packungen Mohnback-
 mischung (à 250 g)

3 Eier, 1 Eigelb
1 TL abgeriebene Schale
 von einer Bio-Orange
3 EL Rosinen
2 EL Milch

AUSSERDEM:
Backpapier für das Blech

1. Nach dem Grundrezept (S. 57) einen Hefeteig aus Mehl, Hefe, Zucker, Salz, 100 ml Milch
(wie oben angegeben), Ei und Butter herstellen und 1 Std. gehen lassen.

2. Für die Füllung die Mohnbackmischung mit ganzen Eiern, Orangenschale und Rosinen
verrühren. Den Teig auf der bemehlten Arbeitsfläche auf 30 x 40 cm ausrollen und längs halbieren. Mohnmasse auf beiden Hälften verstreichen. Jeweils von der Längsseite her aufrollen, die Teigrollen zu einer Spirale miteinander verdrehen. Zugedeckt 30 Min. ruhen lassen.

3. Den Backofen auf 180° (Umluft 160°) vorheizen. Den Zopf auf ein mit Backpapier belegtes Blech legen und mit Eigelb, verrührt mit Milch, bestreichen. Im Ofen (2. Schiene von
unten) 45 Min. backen. Herausnehmen und abkühlen lassen.

APFELMUSKRAPFEN

FÜR 12 STÜCK
ZUBEREITUNG: 35 MIN.
+ 90 MIN. GEHEN
BACKEN: CA. 16 MIN.
PRO STÜCK CA. 360 KCAL
5 g EW, 18 g F, 44 g KH

1 Grundrezept Hefeteig
(S. 57)
1 Päckchen Vanillezucker
1 kg Plattenfett oder 1 l Öl
zum Ausbacken

300 g Apfelmus (Fertigprodukt)
3 EL Zucker
1 TL Zimtpulver

1. Nach dem Grundrezept (S. 57) einen Hefeteig herstellen und dabei den Vanillezucker mit einarbeiten. Den Teig zugedeckt an einem warmen Ort 1 Std. gehen lassen.

2. Den Teig auf der bemehlten Arbeitsfläche 1–2 cm dünn ausrollen und mit einem runden Ausstecher 12 Teigkreise (Ø 7 cm) ausstechen (s. Grundrezept S. 58). Die Teigplatten mit einem Tuch abdecken und 15 Min. gehen lassen.

3. Zum Ausbacken Fett oder Öl in einem hohen Topf oder einer Fritteuse auf 150° erhitzen. Die Teigstücke darin portionsweise schwimmend von beiden Seiten in 3–5 Min. hellbraun backen (s. Grundrezept S. 58). Mit einer Schaumkelle herausheben und auf einem mit Küchenpapier belegten Rost gut abtropfen lassen.

4. Für die Füllung das Apfelmus in einen Spritzbeutel mit langer Spritztülle füllen und portionsweise in die Krapfen spritzen (s. Grundrezept S. 58). Zucker und Zimt vermischen, die Krapfen in der Zucker-Zimt-Mischung wenden und erkalten lassen.

★ PROFI-TIPP Die Bläschenprobe: Das Fett zum Frittieren ist dann heiß genug, wenn sich an einem hineingehaltenen Holzlöffelstiel Bläschen bilden. Wichtig: Nicht zu viele Teigstücke auf einmal in das Fett geben, weil es sonst zu stark abkühlt.

KIRSCH-QUARKBRÖTCHEN

1. Wie im Grundrezept (S. 57) beschrieben Mehl mit Hefe, Zucker, Vanillezucker, 1 Prise Salz, Quark, Butter und 200 ml lauwarmem Wasser zu einem glatten Teig verarbeiten. Den Teig zugedeckt an einem warmen Ort 30 Min. gehen lassen.

2. Inzwischen die Kirschen klein schneiden. Den Teig auf der leicht bemehlten Arbeitsfläche kurz durch-kneten, dabei die Kirschen mit einarbeiten. Aus dem Teig 12 längliche Brötchen formen und diese auf ein gefettetes oder mit Backpapier belegtes Backblech legen. Die Teigstücke zugedeckt nochmals 15 Min. gehen lassen, bis sie sich deutlich vergrößert haben.

3. Den Backofen auf 200° (Umluft 180°) vorheizen. Das Eigelb mit 1 EL Wasser verquirlen, und die Teig-stücke damit bestreichen. Im Ofen (Mitte) in 20 Min. goldbraun backen. Die Brötchen vom Blech nehmen und auf einem Kuchenrost erkalten lassen.

★ VORRATS-TIPP Die Kirsch-Quarkbrötchen auf Vorrat backen. Sie eignen sich gut zum Einfrieren.

FÜR 1 BACKBLECH
(30 X 40 CM, 12 STÜCK)
ZUBEREITUNG: 45 MIN.
+ 60 MIN. GEHEN
BACKEN: 20 MIN.
PRO STÜCK CA. 260 KCAL
9 g EW, 5 g F, 44 g KH

500 g Weizenmehl
  (Type 550)
1 Würfel frische Hefe
  (ca. 40 g)
50 g Zucker
1 Päckchen
  Vanillezucker
Salz
250 g Magerquark

50 g weiche Butter
150 g getrocknete
  Kirschen (ersatzweise
  Rosinen)
1 Eigelb zum Bestreichen
Mehl zum Arbeiten
AUSSERDEM:
Fett oder Backpapier
  für das Blech

TÜRKISCHES
FLADENBROT

1. Nach dem Grundrezept (S. 59) aus Mehl, Hefe, Zucker, 1 TL Salz, Olivenöl und 300 ml lauwarmem Wasser einen Pizzateig kneten. Zugedeckt an einem warmen Ort 30 Min. gehen lassen.

2. Den Teig nochmals durchkneten, dann halbieren und auf der bemehlten Arbeitsfläche zu zwei Kugeln formen. Mit den Händen von der Mitte aus zu zwei flachen, runden Fladen (25 cm Ø) drücken, die Ränder sollen etwas wulstig bleiben.

3. Ein Backblech mit Backpapier belegen und einen Fladen darauflegen. Vier Finger einer Hand geschlossen halten, die Fingerspitzen in Wasser tauchen und damit in die Fladen Reihen von Vertiefungen erst längs, dann quer drücken, sodass ein Rautenmuster entsteht. Backofen auf 220° (Umluft 200°) vorheizen.

4. Eigelb und 1 EL Wasser verquirlen und die Fladen damit einpinseln. Sesam und Schwarzkümmel darüberstreuen. 15 Min. zugedeckt gehen lassen. Fladen nacheinander (bei Umluft zusammen) im Ofen (2. Schiene von unten) in 15–20 Min. hellbraun backen. Herausnehmen und auf einem Kuchengitter auskühlen lassen.

FÜR 1 BACKBLECH
(30 X 40 CM, 2 STÜCK)
ZUBEREITUNG: 40 MIN.
+ 60 MIN. GEHEN
BACKEN: CA. 2 X 20 MIN.
PRO STÜCK CA. 1155 KCAL
35 g EW, 31 g F, 185 g KH

500 g Mehl (Type 550)
1 Würfel frische Hefe
  (ca. 40 g)
1 TL Zucker
Salz
4 EL Olivenöl
1 Eigelb

2 EL Sesam
2 TL Schwarzkümmel-
  samen
Mehl zum Arbeiten
AUSSERDEM:
Backpapier für das
  Backblech

MOHN- UND SESAM-BAGELS

FÜR 2 BACKBLECHE
(À 30 X 40 CM, 12 STÜCK)
ZUBEREITUNG: 25 MIN.
+ 60 MIN. GEHEN
BACKEN: 20 MIN.
PRO STÜCK CA. 175 KCAL
6 g EW, 3 g F, 32 g KH

500 g Mehl
1 Würfel frische Hefe
 (ca. 40 g)
Salz
3 TL brauner Zucker
1 Eigelb

1 1/2 EL Mohnsamen
1 1/2 EL Sesamsamen
Mehl zum Arbeiten
AUSSERDEM:
Backpapier für die Bleche

1. Wie im Grundrezept (S. 57) beschrieben Mehl, Hefe,
1 TL Salz, Zucker und 300 ml lauwarmes Wasser zu einem
glatten Hefeteig verkneten. Zugedeckt an einem warmen
Ort 30 Min. gehen lassen. Dann den Teig nochmals kurz
durchkneten und in 12 gleiche Portionen teilen. Diese
zu Kugeln formen. Mit einem feuchten Tuch zudecken.

2. In einem weiten Topf 1 l Wasser aufkochen. In jede
Teigkugel mit einem bemehlten Finger in der Mitte ein
ca. 2 cm großes Loch drücken, sodass Kringel entstehen.

3. Den Backofen auf 200° (Umluft 180°) vorheizen.
Mehrere Kringel in das leicht kochende Wasser geben
und 1–2 Min. von beiden Seiten kochen, bis sie an
die Oberfläche steigen. Mit einer Schaumkelle aus dem
Wasser nehmen und abtropfen lassen.

4. Bleche mit Backpapier belegen, Kringel darauflegen
und nochmals 15 Min. abgedeckt gehen lassen. Eigelb mit
1 EL Wasser verquirlen, Bagels damit bestreichen und zur
Hälfte mit Mohn und mit Sesam bestreuen. Im Ofen (Mitte)
nacheinander (bei Umluft zusammen) in 20 Min. goldbraun backen. Auf einem Kuchengitter auskühlen lassen.

* DAS SCHMECKT DAZU Bagels schmecken pikant mit
Räucherlachs und Frischkäse oder süß mit Hüttenkäse
und Konfitüre.

FOCACCIA MIT KÄSE UND OLIVEN

FÜR 1 BACKBLECH
(30 X 40 CM, 10 STÜCKE)
ZUBEREITUNG: 40 MIN.
+ 90 MIN. GEHEN
BACKEN: 20 MIN.
PRO STÜCK CA. 305 KCAL
12 g EW, 12 g F, 37 g KH

500 g Weizenmehl (Type 550)
1/2 Würfel frische Hefe
  (ca. 20 g)
Meersalz
1 TL Zucker
4 EL Olivenöl

2 EL gehackte Rosmarin-
  nadeln
75 g getrocknete Tomaten
  (in Öl)
100 g schwarze Oliven
  (entsteint)

Je 100 g geriebener
  Parmesan und
  mittelalter Gouda
Mehl zum Arbeiten
AUSSERDEM:
Backpapier für das Blech

1. Nach Grundrezept Pizzateig (S. 59) Mehl mit Hefe, 2 TL Salz, Zucker, 300 ml lauwarmem Wasser und Öl verkneten, 1 EL Rosmarin einarbeiten. Zugedeckt 30 Min. gehen lassen.

2. Tomaten abtropfen lassen und klein würfeln. Oliven ebenfalls klein schneiden. Beides mit Parmesan und Gouda unter den Teig kneten, zugedeckt nochmals 30 Min. gehen lassen.

3. Teig auf wenig Mehl durchkneten, 2 cm dünn und oval ausrollen. Auf ein mit Backpapier belegtes Blech legen. Mit Wasser bestreichen, übrigen Rosmarin aufstreuen. 15 Min. gehen lassen. Ofen auf 200° (Umluft 180°) vorheizen, die Focaccia 15–20 Min. (Mitte) backen. Auf dem Blech in Stücke teilen, heiß und nach Belieben mit etwas Meersalz bestreut servieren.

FLAMMKUCHEN MIT SPARGEL

FÜR 1 BACKBLECH
(30 X 40 CM, 4 STÜCK)
ZUBEREITUNG: 50 MIN.
+ 35 MIN. GEHEN
BACKEN: CA. 2 X 20 MIN.
PRO STÜCK CA. 575 KCAL
18 g EW, 33 g F, 52 g KH

250 g Mehl
1/2 Würfel frische Hefe
  (ca. 20 g)
Salz
4 EL Olivenöl
500 g grüner Spargel
1 Bund Frühlingszwiebeln

200 g Doppelrahm-Frischkäse
100 g Schmant
schwarzer Pfeffer
100 g luftgetrockneter
  Schinken (z. B. San Daniele-
  Schinken) in dünnen
  Scheiben

3–4 Stiele Basilikum
Mehl zum Arbeiten
AUSSERDEM:
Backpapier für das Blech

1. Wie im Grundrezept (S. 59) beschrieben Mehl, Hefe,
1/2 TL Salz, 140 ml lauwarmes Wasser und 2 EL Olivenöl
zu einem glatten Pizzateig verarbeiten und zugedeckt an
einem warmen Ort 20 Min. gehen lassen.

2. Inzwischen den Spargel nur im unteren Drittel schälen,
holzige Enden abschneiden. Spargel schräg in sehr feine
Scheiben schneiden, die Spitzen längs halbieren. Die
Frühlingszwiebeln waschen, putzen und fein schneiden.
Frischkäse mit Schmant, Salz und Pfeffer verrühren.

3. Den Backofen auf 220° (Umluft nicht empfehlens-
wert) vorheizen. Den Teig nochmals durchkneten und
in vier gleiche Portionen teilen. Auf je 1 Bogen Backpapier
jeweils zwei Portionen sehr dünn ausrollen. Mit einer
Gabel mehrmals einstechen.

4. Die Frischkäsecreme auf den Teig streichen und das
Gemüse darauf verteilen. Mit Salz und Pfeffer würzen
und mit dem übrigen Olivenöl beträufeln. Nacheinander
je zwei Fladen im heißen Backofen (2. Schiene von unten)
in 15–20 Min. hellbraun backen.

5. Die Flammkuchen mit Schinkenscheiben und ab-
gezupften Basilikumblättern belegen. Sofort servieren.

PIZZA CAPRICCIOSA

1. Einen Pizzateig zubereiten wie im Grundrezept (S. 59) beschrieben. Für die Pizzasauce die Zwiebel schälen, in feine Würfel schneiden und im heißen Öl glasig braten. Den Knoblauch schälen und dazupressen. Die Tomaten und Kräuter zugeben, offen bei mittlerer Hitze 15–20 Min. kochen lassen; dabei ab und zu umrühren.

2. Inzwischen den Backofen auf 220° (Umluft 200°) vorheizen. Den Schinken in Stücke (3 x 3 cm), die Sardellen in Streifen schneiden. Die Pilze putzen, abreiben und in 1/2 cm dünne Scheiben schneiden. Die Artischocken in einem Sieb abtropfen lassen, dann vierteln. Die Paprikaschote waschen, vierteln, entkernen und in Streifen schneiden.

3. Das Backblech oder runde Pizzaformen mit Öl einpinseln. Den Teig auf der bemehlten Arbeitsfläche ausrollen, auf das Blech oder in die Formen legen, rundum einen kleinen Wulst lassen. Die Pizzasauce mit Zucker, Salz und Pfeffer würzen und auf den Teig streichen. Schinken, Sardellen, Champignons, Artischocken und Paprikastreifen darauf verteilen. Mit Salz, Pfeffer und Oregano würzen.

4. Mozzarella in dünne Scheiben schneiden und auf die Pizza legen, mit dem Olivenöl beträufeln und im Backofen (2. Schiene von unten) 20–25 Min. backen, bis die Kruste hellgelb ist.

★ VARIANTE Pizza mit Thunfisch und Spinat kommt auf den Tisch, wenn der Pizzateig (Grundrezept S. 59) mit Tomatensauce und Mozzarella (Rezept oben) sowie 50 g jungem Blattspinat gebacken und anschließend mit 1 Dose Thunfisch im Sud (150 g Abtropfgewicht) belegt wird. Vorher den Thunfisch gut abtropfen lassen, dann zerpflücken und mit 1 EL Zitronensaft, Salz, Pfeffer und 1 EL Olivenöl anmachen.

FÜR 1 BACKBLECH (30 X 40 CM, 4 STÜCKE)
ODER 4 RUNDE PIZZEN VON 25 CM Ø
ZUBEREITUNG: 50 MIN. + 45 MIN. GEHEN
BACKEN: CA. 25 MIN.
PRO STÜCK CA. 810 KCAL
38 g EW, 36 g F, 84 g KH

FÜR DEN TEIG:
1 Grundrezept Pizzateig (S. 59)
FÜR DIE PIZZASAUCE:
1 Zwiebel
2 EL Olivenöl
2 Knoblauchzehen
1 Dose gehackte Tomaten
   oder Pizzatomaten (400 g)
1 TL italienische Kräuter
1 TL Zucker
Salz
schwarzer Pfeffer
FÜR DEN BELAG:
150 g gekochter Schinken,
   dünn aufgeschnitten
4–6 Sardellenfilets (Anchovis)
100 g Champignons oder Egerlinge
150 g kleine Artischockenherzen in Öl
1 kleine orange Paprikaschote
Salz
schwarzer Pfeffer
2 TL getrockneter Oregano
250 g Mozzarella
2 EL Olivenöl

ZWIEBELKUCHEN

1. Wie im Grundrezept (S. 57) beschrieben aus Mehl, Hefe, 200 ml lauwarmem Wasser, Öl und 1 TL Salz einen glatten Hefeteig kneten und 1 Std. gehen lassen.

2. Inzwischen für den Belag die Zwiebeln schälen und in feine Ringe schneiden. Den Speck fein würfeln. Das Schmalz erhitzen, Speck und Zwiebeln darin unter gelegentlichem Rühren glasig braten. Mit Salz, Pfeffer und Kümmel kräftig würzen, Masse abkühlen lassen.

3. Eier und Sahne verquirlen, drei Viertel des Gusses unter die Zwiebeln mischen. Den Teig durchkneten und auf der bemehlten Arbeitsfläche auf Backblechgröße dünn ausrollen. Auf das Blech legen, dabei die Ränder hoch drücken. Den Teig noch 10 Min. gehen lassen.

4. Den Backofen auf 200° (Umluft 180°) vorheizen. Die Zwiebelmasse auf dem Teig verteilen und den restlichen Guss darübergeben. Im Ofen (2. Schiene von unten) in 35–40 Min. goldbraun backen.

★ TAUSCH-TIPP Mögen Sie keinen Kümmel? Dann tauschen Sie ihn durch 2 EL gehackten Thymian oder Majoran aus.

FÜR 1 BACKBLECH
(30 X 40 CM, 20 STÜCKE)
ZUBEREITUNG: 50 MIN.
+ 85 MIN. GEHEN
BACKEN: CA. 40 MIN.
PRO STÜCK CA. 225 KCAL
7 g EW, 14 g F, 18 g KH

FÜR DEN TEIG:
400 g Mehl (Type 550)
1 Würfel frische Hefe
  (ca. 40 g)
1/8 l Öl
Salz
Mehl zum Arbeiten
Fett für das Blech

FÜR DEN BELAG:
1,5 kg Zwiebeln
200 g magerer Schinken-
  speck
2 EL Butterschmalz
Salz, schwarzer Pfeffer
2 TL Kümmel
3 Eier, 250 g Sahne

ZUCCHINI-KÄSE-WÄHE

FÜR 1 SPRINGFORM
(26 CM Ø, 12 STÜCKE)
ZUBEREITUNG: 45 MIN.
+ 75 MIN. GEHEN
BACKEN: 40 MIN.
PRO STÜCK CA. 190 KCAL
7 g EW, 12 g F, 15 g KH

FÜR DEN TEIG:
200 g Weizenmehl (Type 550)
1/2 Würfel frische Hefe
 (ca. 20 g)
Salz
50 g weiche Butter
Fett für die Form

Mehl zum Ausrollen
FÜR DEN BELAG:
500 g kleine Zucchini
200 g Möhren
1 Zwiebel
2 Knoblauchzehen
2 EL Olivenöl

1 EL frisch gehackter Thymian
Salz
schwarzer Pfeffer
frisch geriebene Muskatnuss
100 g Greyerzer
2 Eier
200 g saure Sahne

1. Wie im Grundrezept (S. 57) beschrieben Mehl, Hefe, 1/2 TL Salz, 6 EL lauwarmes Wasser und Butter zu einem glatten Teig kneten und zugedeckt an einem warmen Ort 1 Std. gehen lassen.

2. Inzwischen die Zucchini waschen und putzen. Die Möhren schälen und beides in dünne Scheiben schneiden. Die Zwiebel und den Knoblauch schälen, in feine Würfel schneiden und im heißen Olivenöl in einer Pfanne glasig braten. Die Möhren dazugeben und 2 Min. mitdünsten. Die Zucchini hinzufügen und 3 Min. mitdünsten. Mit Thymian, Salz, Pfeffer und Muskat würzen. Etwas abkühlen lassen.

3. Den Backofen auf 200° (Umluft 180°) vorheizen. Die Springform fetten. Den Teig auf der leicht bemehlten Arbeitsfläche dünn ausrollen und die Form mit dem Teig auskleiden. Ringsherum einen Rand hochziehen. Den Boden mit einer Gabel mehrmals einstechen.

4. Den Käse reiben und drei Viertel davon auf dem Boden verteilen. Die Gemüsemischung daraufgeben. Eier und saure Sahne verrühren, mit Salz und Pfeffer würzen und auf dem Gemüse verteilen. Den übrigen Käse daraufstreuen. Im Ofen (2. Schiene von unten) 40 Min. backen.

BACKEN MIT BISKUITTEIG

CRASHKURS BISKUITTEIG

Zucker ist als üblicher weißer Haushaltszucker für die meisten Teige geeignet. Feinster Backzucker löst sich noch leichter auf – ideal für Biskuit.

Brauner Zucker aus Zuckerrüben verleiht Gebäck einen fein karamellartigen Geschmack. Kuchen und Kekse bräunen besser.

Puderzucker ist staubfein zermahlener Kristallzucker, der sich ruck, zuck auflöst – ideal für Glasuren, Sandteige oder in Mischungen mit Marzipan.

Ei der mittleren Größe M, 53–63 g schwer und frisch bis zu 10 Tagen, nachdem es die Henne gelegt hat, sorgt für vollkommenen Kuchengenuss.

ZUCKERSÜSSE SORTEN

Kristallzucker (Raffinade) Weißer Haushaltszucker aus Zuckerrüben in diversen Körnungen. »Feinster Zucker« (gemahlene Raffinade) ist richtig für zarte Teige wie Biskuit und Sandkuchen, da er sich leicht verrühren lässt.

Puderzucker wird aus feinster Raffinade staubfein gemahlen und überall da gebraucht, wo sich Zucker ruck, zuck auflösen soll, z. B. für viele Glasuren und Plätzchen. Er ist aber auch als dekorativer »Staub« auf Gebäck und Kuchen beliebt.

Hagelzucker ist grobkörnig und schmilzt beim Backen nicht. Ihn streut man gerne auf Kuchen und Plätzchen.

Brauner Zucker oder **Farinzucker** – aus karamellhaltigem Zuckersirup – hat ein feinwürziges Aroma. Ideal für dunkles Gebäck mit Nüssen, Schokolade und Trockenfrüchten.

Vanillinzucker ist eine Mischung aus Zucker und Vanillearoma (Vanillin). Als (Bourbon-)Vanillezucker gibt es eine natürliche und hochwertige Gewürzzubereitung aus Zucker und zerkleinerter Vanilleschote zu kaufen.

FAKTEN RUND UMS EI

»Wer will guten Kuchen backen, der muss *frische* Eier haben!« Denn diese lassen sich viel leichter trennen und haben den besten Selbstschutz gegen eindringende Krankheitserreger. Eier sollten Sie immer kühl bei 5–8° lagern.

Frischegarantie Frisch ist ein Ei bis zu 10 Tage, nachdem es die Henne gelegt hat. Das Legedatum können Sie leicht berechnen: Es liegt 28 Tage vor Ablauf der Mindesthaltbarkeit – das Datum steht auf dem Packungsaufkleber!

Größenklassen Eier werden in den Größen S, M, L und XL verkauft. Für die Rezepte in diesem Buch werden, falls nicht anders angegeben, Durchschnittseier der Größe M verwendet. Diese wiegen 53–63 g.

Stempel auf dem Ei Die erste Stelle des Nummerncodes gibt Aufschluss über die Art der Haltung: Ökologische Haltung (0), Freiland- (1), Boden- (2) oder Käfighaltung (3). Die zweite Stelle benennt das Herkunftsland, z. B. DE (Deutschland). Die letzten Ziffern schließlich zeigen an, aus welchem Legebetrieb das Ei stammt.

BISKUITTEIG: LUFTIG UND ZART

Das zartgelbe Leichtgewicht unter den Teigen besteht hauptsächlich aus Eiern – und Luft! Wer Eiweiß geduldig zu steifem Schnee schlagen kann, beherrscht schon die halbe Kunst. Die Biskuitmasse sofort im rechtzeitig vorgeheizten Backofen backen – bei längerem Stehen geht ihr im wahrsten Sinne des Wortes die Luft aus.

Speed-Tipp: Für einen schnellen Biskuitteig werden ganze Eier mit Zucker so lange geschlagen, bis sie dickcremig sind.

BISKUITTEIG (TORTENBODEN)

1. Den Boden einer Springform (Ø 26 cm) mit streichfähiger Butter einfetten (nicht den Rand!) und mit Mehl fein bestäuben.

2. Oder ein Stück Backpapier auf den Boden legen, Springformrand darauflegen und schließen. Überstehendes Papier abschneiden.

3. Eier trennen. Eigelbe mit 3 EL heißem Wasser und dem Zucker mit den Rührbesen des Handrührgeräts dick und cremig schlagen.

FÜR 1 GRUNDREZEPT
6 Eier
180 g Zucker
180 g Mehl
1 TL Backpulver
Salz
Butter und Mehl für die Form

BEI 12 STÜCKEN PRO STÜCK
CA. 165 KCAL
5 g EW, 4 g F, 27 g KH

4. Das Mehl mit dem Backpulver mischen und auf die Eiercreme sieben. Nicht rühren! So wird das Gebäck schön locker.

5. Eiweiße mit 1 Prise Salz in zweiter Schüssel steif schlagen. Ein Drittel auf das Mehl geben, beides mit Holzlöffel vorsichtig verrühren.

6. Restlichen Eischnee auf die aufgelockerte Masse geben und behutsam unterheben. Den Biskuitteig in die vorbereitete Form füllen.

7. Den Biskuit im vorgeheizten Backofen (Mitte) bei 180° (Umluft 160°) in 30–35 Min. goldbraun backen, dann herausnehmen.

8. Den Biskuitboden etwas abkühlen lassen, mit einem Messer den Teig vorsichtig vom Formrand lösen, den Springformrand abnehmen.

9. Einen Kuchenrost auf den warmen Kuchen legen, Biskuit stürzen, Springformboden abheben. Das mitgebackene Papier abziehen.

www.küchengötter.de/backvideos

1. BISKUITTORTE

FÜR 1 GRUNDREZEPT

1 Grundrezept Biskuit (S. 83)
3 EL Konfitüre
500 g Sahne
1 Päckchen Sahnesteif
Schokoraspel, gehobelte
  Mandeln, Krokant oder
  Früchte nach Belieben

1. Den Biskuitrand (Grundrezept S. 83) in halber Höhe mit einem kleinen spitzen Messer ringsherum etwa 1 cm tief einschneiden.

2. Zum Teilen des Biskuitbodens einen Zwirnfaden in die Kerben legen, die Enden des Fadens über Kreuz durch den Boden ziehen.

3. Oder den Biskuitboden mit einem langen Messer oder einer Kuchenpalette quer in zwei oder drei gleich dicke Böden teilen.

2. BISKUITROLLE

FÜR 1 GRUNDREZEPT

4 Eier
Salz
120 g Zucker
120 g Mehl
1 TL Backpulver
400 g Sahne
3 EL Konfitüre
Backpapier für das Blech

1. Aus den getrennten Eiern, 1 Prise Salz, Zucker, Mehl und dem Backpulver einen Biskuitteig (Grundrezept S. 83) herstellen.

2. Den Teig auf ein mit Backpapier belegtes Blech streichen. Im Ofen bei 200° (Umluft 180°; 2. Schiene von unten) 15 Min. backen.

3. Die Biskuitplatte an dem anhaftenden Backpapier anfassen, hochheben und auf ein mit Zucker bestreutes Geschirrtuch stürzen.

3. LÖFFELBISKUITS

FÜR 1 GRUNDREZEPT

6 Eigelbe
140 g feiner Zucker
4 Eiweiße
Salz
120 g Mehl
Butter oder Backpapier
  für das Blech
Puderzucker zum Bestäuben

1. Die Eigelbe und 40 g feinen Zucker in eine Schüssel geben und in 3–4 Min. weiß und dicklich aufschlagen (Grundrezept S. 83).

2. Die Eiweiße mit 1 Prise Salz zu festem Eischnee aufschlagen und den übrigen Zucker unter ständigem Weiterschlagen einrieseln lassen.

3. Das Mehl auf die Eiercreme sieben. 1/3 Baisermasse zufügen, zusammen vorsichtig unterrühren. Übrigen Eischnee unterheben.

4. Den unteren Boden mit der Konfitüre bestreichen. Die Sahne mit Sahnesteif steif schlagen und knapp die Hälfte auf den Boden streichen.

5. Den zweiten Boden »Kante auf Kante« darauflegen. Oberfläche und Rand gleichmäßig dick mit der übrigen Sahne bestreichen.

6. Je nach Rezept nun die gefüllte Torte verzieren, z. B. mit Schokoladenraspeln, gehobelten Mandeln, Krokant oder/und Früchten.

4. Das Backpapier mit kaltem Wasser bepinseln, sodass es sich vom Teig löst, dann behutsam zur Seite hin von der Platte abziehen.

5. Die Teigplatte sofort aufrollen, dazu den unteren Teil des Tuchs anheben. Abkühlen lassen. Für die Füllung die Sahne steif schlagen.

6. Den Biskuit entrollen, mit Konfitüre und Sahne bestreichen, dabei einen 2 cm breiten Rand frei lassen. Erneut aufrollen und kühl stellen.

4. Die Biskuitmasse in einen Spritzbeutel mit großer Lochtülle füllen. Ein Backblech mit Butter einfetten oder mit Backpapier belegen.

5. Etwa 8 cm lange Streifen aufs Blech spritzen. Beide Enden etwas flach drücken, damit das Gebäck seine typische Form bekommt.

6. Die Löffelbiskuits im heißen Backofen bei 180° (Umluft 160°; Mitte) 15 Min. backen. Danach fein mit Puderzucker bestäuben.

BEEREN**KUCHEN**

1. Den Backofen auf 180° (Umluft 160°) vorheizen. Die Form am Boden fetten und mehlen oder mit Backpapier auskleiden. Einen Biskuitteig nach dem Grundrezept (S. 83) herstellen, dabei den Vanillezucker einarbeiten. In der Springform im Ofen (Mitte) 25–30 Min. backen. Aus der Form lösen und auskühlen lassen.

2. Den Biskuitboden auf eine Tortenplatte legen und den Springformrand darumlegen. Das Gelee unter Rühren erwärmen und auf den Obstboden streichen. Die Sahne mit Sahnesteif und 2 EL Zucker steif schlagen. Den Joghurt darunterheben. Die Masse auf den Tortenboden streichen, 15 Min. kalt stellen.

3. Inzwischen die Beeren verlesen, TK-Beeren antauen lassen. Die Beerenmischung auf den Kuchen geben. Für den Guss den Kirschsaft mit dem übrigen Zucker und Tortengusspulver verrühren, aufkochen und die Beeren damit überziehen. 1–2 Std. kalt stellen.

FÜR 1 SPRINGFORM
(26 CM Ø, 12 STÜCKE)
ZUBEREITUNG: 45 MIN.
+ 2 STD. KÜHLEN
BACKEN: CA. 30 MIN.
PRO STÜCK CA. 225 KCAL
4 g EW, 10 g F, 29 g KH

1/2 Grundrezept Biskuit-
   teig (S. 83)
1 Päckchen Bourbon-
   Vanillezucker
2 EL Himbeergelee
200 g Sahne
1 Päckchen Sahnesteif
3 1/2 EL feiner Zucker
200 g Sahnejoghurt

600 g gemischte frische
   oder TK-Beeren
   (z. B. Brombeeren,
   Himbeeren, Heidel-
   beeren, Johannis-
   beeren)
1/4 l Kirschsaft
1 Päckchen klarer
   Tortenguss

MELONEN-WALDMEISTER-TORTE

FÜR 1 SPRINGFORM
(26 CM Ø, 12 STÜCKE)
ZUBEREITUNG: 60 MIN.
+ 14 STD. KÜHLEN
BACKEN: CA. 25 MIN.
PRO STÜCK CA. 240 KCAL
4 g EW, 12 g F, 29 g KH

1/2 Grundrezept Biskuitteig
  (S. 83)
abgeriebene Schale von
  1 Bio-Limette
1 Beutel Götterspeise
  Waldmeister-Geschmack
100 g Zucker

200 g Doppelrahm-Frischkäse
3 EL Limettensaft
1/2 kleine Galiamelone
1/2 kleine Cantaloup-Melone
200 g Sahne
3 EL milder flüssiger Honig
3–4 Stiele Zitronenmelisse

1. Ofen auf 180° (Umluft 160°) vorheizen. Die Form am Boden fetten und mehlen oder mit Backpapier auskleiden. Den Biskuitteig nach dem Grundrezept (S. 83) mit der Limettenschale herstellen und in der Springform im Ofen (Mitte) 20–25 Min. backen. Etwas abkühlen lassen, aus der Form lösen und erkalten lassen. Auf eine Tortenplatte legen, den Springformrand darumlegen.

2. Inzwischen das Götterspeise-Pulver in einem Topf mit Zucker und 200 ml Wasser verquirlen und unter Rühren erhitzen, aber nicht kochen lassen. Frischkäse und Limettensaft verrühren, die Götterspeise unterheben. 2 Std. kalt stellen, bis die Creme beginnt fest zu werden.

3. Inzwischen die Melonenhälften entkernen, aus beiden Sorten mit einem Kugelausstecher ca. 400 g Bällchen ausstechen. Auf Küchenpapier abtropfen lassen und kalt stellen. (Restliches Melonenfleisch anderweitig verwenden).

4. Die Sahne steif schlagen und unter die Frischkäsecreme heben. Die Creme auf den Biskuitboden streichen. Die Melonenkugeln dicht an dicht auf der Creme verteilen und leicht eindrücken. Die Torte über Nacht kalt stellen.

5. Vor dem Servieren die Torte aus der Form lösen. Mit Honig beträufeln und mit Melisseblättern garnieren.

MANDELKUCHEN AUS MALLORCA

FÜR 1 SPRINGFORM
(26 CM Ø, 12 STÜCKE)
ZUBEREITUNG: 30 MIN.
BACKEN: 50 MIN.
PRO STÜCK CA. 225 KCAL
7 g EW, 13 g F, 20 g KH

6 Eier (Größe L)
230 g Puderzucker
2 Vanilleschoten
abgeriebene Schale
  von 1 Bio-Zitrone

1 TL Zimtpulver
200 g geschälte,
  gemahlene Mandeln
Salz

AUSSERDEM:
Öl oder Backpapier
  für die Form

1. Eier trennen, Eiweiße und Eigelbe getrennt in zwei Rührschüsseln geben. Eigelbe mit 200 g Puderzucker cremig aufschlagen. Vanilleschoten längs aufschlitzen, das Mark herauskratzen. Vanillemark, Zitronenschale, Zimt und Mandeln unter die Eigelbmasse rühren.

2. Ofen auf 180° (Umluft 160°) vorheizen. Eiweiße mit 1 Prise Salz steif schlagen, ein Drittel unter die Eigelbmasse rühren, Rest unterheben. Form am Boden einölen oder mit Backpapier auslegen, den Teig hineingeben und glatt streichen. Im Ofen (2. Schiene von unten) 50 Min. backen. Den Kuchen 10 Min. auskühlen lassen, dann vorsichtig aus der Form lösen und vollständig auskühlen lassen. Zum Servieren mit dem übrigen Puderzucker bestäuben.

★ DAS SCHMECKT DAZU Vanille- oder Walnusseis oder halbsteif geschlagene Sahne.

ORANGEN-KROKANT-TORTE

FÜR 1 SPRINGFORM
(26 CM Ø, 12 STÜCKE)
ZUBEREITUNG: 75 MIN.
+ CA. 12 STD. KÜHLEN
BACKEN: CA. 35 MIN.
PRO STÜCK CA. 475 KCAL
8 g EW, 26 g F, 53 g KH

FÜR DEN TEIG:
1 Grundrezept Biskuitteig
    (S. 83)
50 g Haselnusskrokant

FÜR DIE FÜLLUNG:
100 g weiße Schokolade
100 g gemahlene Haselnüsse
4 EL Orangensaft
2 EL Orangenlikör (ersatz-
    weise Orangensaft)

500 g Sahne, 1 Päckchen
Sahnesteif, 50 g Zucker
4 EL Orangenmarmelade
FÜR DIE GARNITUR:
2 Orangen
50 g Haselnusskrokant

1. Ofen auf 180° vorheizen. Alle Zutaten für den Biskuitteig nach Grundrezept (S. 83) verarbeiten, zuletzt den Krokant unterheben. Den Formboden fetten und mehlen oder
mit Backpapier auskleiden. Teig in die Form füllen, im
Ofen (Mitte, Umluft 160°) 30–35 Min. backen und abkühlen lassen. Den Boden zweimal waagrecht durchschneiden, sodass zwei gleich dicke Böden entstehen (S. 84).

2. Die Schokolade hacken und im Wasserbad schmelzen
lassen (S. 155). Nüsse, Orangensaft und -likör unterrühren und etwas abkühlen lassen. Die Sahne mit Sahnesteif
und Zucker steif schlagen. Unter die Schokoladenmasse
heben und etwa 15 Min. kalt stellen.

3. Inzwischen die Orangenmarmelade erwärmen und
glatt rühren. Unteren Tortenboden auf eine Tortenplatte
legen, mit Marmelade bestreichen. Ein Viertel der Füllung
daraufstreichen, zweiten Boden aufsetzen. Ein Viertel
der Creme aufstreichen, dritten Boden auflegen. Die Torte
oben und ringsherum mit der übrigen Creme bestreichen.
Im Kühlschrank 6 Std., besser über Nacht kalt stellen.

4. Für die Garnitur die Orangen samt der weißen Haut
schälen. Die Filets zwischen den Trennwänden heraus-
schneiden. Die Torte damit dekorativ belegen. Den Torten-
rand mit Krokant verzieren, leicht andrücken.

KÄSESAHNETORTE MIT MANDARINEN

1. Den Backofen auf 180° vorheizen. Die Form am Boden fetten und mehlen oder mit Backpapier auskleiden. Einen Biskuitteig mit den Zutaten nach dem Grundrezept (S. 83) zubereiten, dabei Vanillezucker und Zitronenschale einarbeiten. Mehl, Stärke und Backpulver mischen, sieben und unterheben. Den Teig in die Springform füllen und im Ofen (Mitte, Umluft 160°) 30–35 Min. backen. Herausnehmen, den Ring der Springform entfernen und den Kuchen auskühlen lassen.

2. Die Mandarinen in einem Sieb abtropfen lassen, dabei den Saft auffangen. Die Gelatine in kaltem Wasser 5 Min. einweichen. Quark, Joghurt, Puderzucker, Vanillezucker und 4 EL Mandarinensaft verrühren. Die Gelatine tropfnass in einen kleinen Topf geben und bei sanfter Hitze unter Rühren auflösen. 3 EL Quarkmischung zugeben und unterrühren. Die Masse unter die übrige Quarkcreme ziehen, dann 20 Min. kalt stellen.

3. Biskuitboden einmal waagrecht durchschneiden (s. S. 84/85), einen Boden auf eine Tortenplatte legen. Mit dem Ring der Springform umschließen. 400 g Sahne steif schlagen und locker unter die Quarkmasse ziehen. Die Mandarinen bis auf 12 Stück darunterheben. Die Quarksahne auf den unteren Tortenboden geben und glatt streichen. Den zweiten Boden in 12 Stücke schneiden und diese auf die Füllung setzen. 5 Std., besser über Nacht, kalt stellen.

4. Zum Servieren die übrige Sahne steif schlagen und in einen Spritzbeutel mit Sterntülle füllen. Die Torte mit Sahnetupfern verzieren und mit den übrigen Mandarinenstücken belegen. Mit Puderzucker bestäuben.

FÜR 1 SPRINGFORM (26 CM Ø, 12 STÜCKE)
ZUBEREITUNG: 60 MIN.
+ CA. 12 STD. KÜHLEN
BACKEN: CA. 35 MIN.
PRO STÜCK CA. 380 KCAL
9 g EW, 16 g F, 50 g KH

FÜR DEN TEIG:
4 Eier
200 g Zucker
1 Päckchen Vanillezucker
1 TL abgeriebene Schale
   von einer Bio-Zitrone
100 g Mehl
100 g Speisestärke
2 TL Backpulver
Fett und Mehl für die Form
FÜR FÜLLUNG UND GARNITUR:
2 Dosen Mandarinen
   (à 175 g Abtropfgewicht)
6 Blatt weiße Gelatine
250 g Magerquark
300 g Joghurt
100 g Puderzucker
2 Päckchen Vanillezucker
500 g Sahne
Puderzucker zum Bestäuben

MANDEL-LIMETTEN-QUARK-ROLLE

1. Den Backofen auf 200° (Umluft 180°) vorheizen. Den Teig für eine Biskuitrolle nach dem Grundrezept (S. 84/85) herstellen – dabei nur 40 g Mehl nehmen, mit Mandeln und Backpulver mischen und unterheben.

2. Den Teig auf ein mit Backpapier belegtes Blech geben und im Backofen (2. Schiene von unten) 10–15 Min. backen. Auf ein mit Zucker bestreutes Geschirrtuch stürzen und das Backpapier entfernen. Die Biskuitplatte mithilfe des Geschirrtuchs der Länge nach vorab aufrollen und auskühlen lassen.

3. Für die Füllung die Sofort-Gelatine und 75 g Zucker mischen und in den Limettensaft rühren. Gelatinemischung, Limettenschale und Vanillezucker mit dem Quark glatt rühren. Die Biskuitplatte auseinanderrollen und mit der Quarkmasse bestreichen, erneut aufrollen und 1 Std. kalt stellen.

4. Die Mandelblättchen in einer Pfanne goldbraun rösten und abkühlen lassen. Die Sahne mit dem übrigen Zucker steif schlagen und die Rolle rundherum damit einstreichen. Mit den Mandeln bestreuen. Schräg in 5 cm breite, dreieckige Stücke schneiden.

FÜR 1 BACKBLECH
(40 X 30 CM, 10 STÜCKE)
ZUBEREITUNG: 45 MIN.
+ 1 STD. KÜHLEN
BACKEN: CA. 15 MIN.
PRO STÜCK CA. 250 KCAL
9 g EW, 16 g F, 17 g KH

FÜR DEN TEIG:
1 Grundrezept Biskuit-
  rolle (S. 84/85)
40 g Mehl
80 g gemahlene Mandeln

FÜR FÜLLUNG UND GAR-
NITUR:
3 TL Sofort-Gelatine
100 g Zucker
4 EL Limettensaft
abgeriebene Schale
  von 1 Bio-Limette

1 Päckchen Vanillezucker
500 g Sahnequark
40 g gehobelte Mandeln
125 g Sahne

SCHWARZWÄLDER KIRSCHROLLE

FÜR 1 BACKBLECH
(40 X 30 CM, 10 STÜCKE)
ZUBEREITUNG: 45 MIN.
+ 1 STD. KÜHLEN
BACKEN: CA. 15 MIN.
PRO STÜCK CA. 305 KCAL
5 g EW, 16 g F, 35 g KH

FÜR DEN TEIG:
4 Eier
Salz
120 g Zucker
50 g Mehl
50 g Speisestärke
20 g Kakaopulver

Zucker zum Bestreuen
FÜR DIE FÜLLUNG:
1 Glas Sauerkirschen
   (175 g Abtropfgewicht)
400 g Sahne
2 Päckchen Sahnesteif
50 g Zucker

2 Päckchen Vanillezucker
2 EL Kirschwasser (ersatzweise Kirschsaft)
3 EL Sauerkirschkonfitüre
Puderzucker zum Bestäuben
AUSSERDEM:
Backpapier für das Blech

1. Den Backofen auf 200° (Umluft 180°) vorheizen. Den Teig für eine Biskuitrolle nach dem Grundrezept (S. 84/85) herstellen, dabei Mehl, Speisestärke und Kakao portionsweise mit dem Eischnee locker unter die Eigelbmasse heben.

2. Den Teig auf ein mit Backpapier ausgelegtes Blech geben und im Ofen (2. Schiene von unten) 10–15 Min. backen. Auf ein mit Zucker bestreutes Geschirrtuch stürzen und das Backpapier entfernen. Die Biskuitplatte mithilfe des Geschirrtuchs der Länge nach vorab aufrollen und auskühlen lassen.

3. Die Kirschen in ein Sieb abgießen und gut abtropfen lassen. Die Sahne mit Sahnesteif, Zucker und Vanille-zucker steif schlagen. Das Kirschwasser unterheben. Die Konfitüre erhitzen, dabei umrühren.

4. Den Biskuit entrollen und zuerst mit der Konfitüre, dann mit der Sahne bestreichen, dabei rundum einen 2 cm breiten Rand lassen. Die Sahne mit den Kirschen belegen. Den Biskuit mit dem Tuch erneut aufrollen (s. S. 84/85) und 1 Std. kalt stellen. Mit Puderzucker bestäuben. Zum Servieren in Scheiben schneiden.

★ DEKO-TIPP Mit 200 g geschlagener Sahne einstreichen und mit 4 EL Schokoladenlocken bestreuen.

HIMBEER-QUARKSCHNITTEN

FÜR 1 BACKBLECH
(40 X 30 CM, 10 STÜCKE)
ZUBEREITUNG: 60 MIN.
+ 4 STD. KÜHLEN
BACKEN: 15 MIN.
PRO STÜCK CA. 355 KCAL
9 g EW, 18 g F, 39 g KH

FÜR DEN TEIG:
1 Grundrezept Biskuitrolle
  (S. 84/85)
2 EL flüssige Butter
1 TL abgeriebene Schale
  von 1 Bio-Orange

FÜR FÜLLUNG UND GARNI-
TUR:
75 g Himbeergelee
400 g Himbeeren
1 EL Zucker
100 g Zartbitter-Kuvertüre
250 g Speisequark
  (20 % Fett)
2 EL Orangensaft

30 g Puderzucker
250 g Sahne
1 Päckchen Sahnesteif
1 Päckchen Vanillezucker
4 EL Schokoladenraspel
AUSSERDEM:
Backpapier für die
  Arbeitsfläche

1. Den Backofen auf 200° (Umluft 180°) vorheizen. Einen Biskuitteig nach dem Grundrezept (S. 84/85) herstellen, dabei Butter und Orangenschale unter die Eigelbmasse rühren. Den Teig auf ein mit Backpapier belegtes Blech streichen. Im Backofen (2. Schiene von unten) 15 Min. backen. Die Arbeitsfläche mit Backpapier belegen. Den Biskuit daraufstürzen und das Papier abziehen. Die Teigränder ringsum gerade schneiden. Den Biskuit auskühlen lassen, dann längs halbieren. Eine Hälfte nochmals längs und viermal quer teilen.

2. Das Gelee erwärmen und die große Teigplatte damit bestreichen. Die Himbeeren verlesen und mit dem Zucker bestreuen. Die Kuvertüre fein hacken und untermischen. Quark, Orangensaft und Puderzucker mit den Quirlen des Handmixers cremig verrühren. Sahne mit Sahnesteif und Vanillezucker steif schlagen und unter den Quark heben. Die Himbeer-Mischung vorsichtig unterheben.

3. Die Hälfte der Himbeermischung auf die große Biskuit-platte streichen. Die Biskuitstücke darauflegen und die untere Platte zwischen den Schnitten durchschneiden. Die übrige Himbeer-Quarksahne locker auf den Schnitten verteilen. Mindestens 4 Std. kalt stellen. Vor dem Servieren mit den Schokoladenraspeln bestreuen.

EXOTENKUCHEN VOM BLECH

1. Den Backofen auf 200° (Umluft 180°) vorheizen. Den Teig nach dem Grundrezept für eine Biskuitrolle (S. 84/85) herstellen, dabei das Mehl mit Pistazien und Backpulver vermischt unterheben.

2. Teig auf ein mit Backpapier belegtes Blech streichen und im Backofen (Mitte) 15 Min. backen, dann sofort auf die mit Backpapier belegte Arbeitsfläche stürzen. Das mitgebackene Papier behutsam abziehen. Die Teigplatte auskühlen lassen, dann auf ein Blech legen.

3. Inzwischen die Ananas schälen und vom Strunk befreien, die Frucht halbieren. Die Mango schälen und das Fruchtfleisch vom Stein schneiden. Die Papaya schälen, halbieren und entkernen. Die Kiwis ebenfalls schälen. Alle Früchte in Scheiben schneiden. Die Mangokonfitüre auf den Biskuit streichen und mit den Früchten dekorativ belegen.

4. Den Tortenguss nach Packungsangabe mit dem Bananensaft und 150 ml Wasser aufkochen und auf den Früchten verteilen. Mit den Pistazien bestreuen.

FÜR 1 BACKBLECH
(40 X 30 CM, 20 STÜCKE)
ZUBEREITUNG: 60 MIN.
BACKEN: 15 MIN.
PRO STÜCK CA. 125 KCAL
3 g EW, 3 g F, 22 g KH

FÜR DEN TEIG:
1 Grundrezept Biskuit-
   rolle (S 84/85)
80 g Mehl
40 g gehackte Pistazien

FÜR DEN BELAG:
1/2 Ananas (ca. 450 g)
1 reife Mango (ca. 450 g)
1 reife Papaya (ca. 400 g)
2 Kiwis
4 EL cremige Mango-
   konfitüre

1 Päckchen weißer
   Tortenguss
150 ml Bananensaft
3 TL gehackte Pistazien
AUSSERDEM:
Backpapier für Blech
   und Arbeitsfläche

PFIRSICH-RICOTTA-KUCHEN

1. Den Backofen auf 180° (Umluft 160°) vorheizen. Die Form mit Backpapier auskleiden. Einen Biskuitteig nach dem Grundrezept (S. 83) aus Eiern, Zucker und Salz zubereiten, dabei Mehl, Stärke, Backpulver und die Zitronenschale gemischt unterheben. Den Teig in die Form füllen und im Ofen (Mitte) 20–25 Min. backen. Den Boden aus Form lösen und vollständig auskühlen lassen.

2. Den Biskuitboden auf eine Tortenplatte legen. Das Marzipan und 2 EL Erdbeerkonfitüre mit den Quirlen des Handrührgeräts glatt rühren. Auf die Kuchenplatte geben und mit einer Palette glatt streichen. Den Ring der Springform um den Boden legen.

3. Die Gelatine in kaltem Wasser 5 Min. einweichen. Ricotta und Zitronensaft glatt rühren. Die Gelatine ausdrücken und mit 2 EL Sahne in einen kleinen Topf geben. Bei milder Hitze unter Rühren auflösen, dann unter die Ricottamasse heben. Die übrige Sahne steif schlagen und unterheben.

4. Die Pfirsiche waschen, halbieren, entsteinen und in Spalten schneiden. Die Hälfte der Spalten in kleine Stücke schneiden. Die Amaretti hacken und mit den Pfirsichstücken unter die Ricottacreme heben. Die Creme in die Form füllen, glatt streichen und 2 Std. kalt stellen.

5. Vor dem Servieren die restlichen Pfirsichspalten auf den Kuchen legen. Die übrige Erdbeerkonfitüre in einen kleinen Gefrierbeutel geben, eine Spitze abschneiden und die Konfitüre graffitiartig auf der Oberfläche verteilen.

FÜR 1 SPRINGFORM (Ø 26 CM, 12 STÜCKE)
ZUBEREITUNG: 50 MIN. + 2 STD. KÜHLEN
BACKEN: CA. 25 MIN.
PRO STÜCK CA. 275 KCAL
7 g EW, 13 g F, 34 g KH

FÜR DEN TEIG:
3 Eier
80 g Zucker
Salz
60 g Mehl
20 g Speisestärke
1/2 TL Backpulver
abgeriebene Schale von 1 Bio-Zitrone
FÜR BELAG UND GARNITUR:
100 g Marzipanrohmasse
4 EL cremige Erdbeerkonfitüre
4 Blatt weiße Gelatine
250 g Ricotta
1 EL Zitronensaft
250 g Sahne
500 g reife Pfirsiche
100 g Amaretti
AUSSERDEM:
Backpapier für die Form

EIERLIKÖR-BISKUIT-TALER

1. Den Backofen auf 200° (Umluft 180°) vorheizen. Für den Biskuitteig Eier, Zucker und Vanillezucker dickcremig schlagen. Den Eierlikör unterrühren. Mehl, Stärke und Backpulver mischen und auf die Eiercreme sieben, dann nach und nach kurz unterrühren.

2. Ein Backblech mit Backpapier auslegen, Biskuit daraufstreichen. Im Backofen (2. Schiene von unten) 10–12 Min. backen. Teigplatte auf dem Blech 10 Min. abkühlen lassen, dann mit einem Glas oder Plätzchenausstecher 20 Kreise von 7 cm Ø ausstechen oder den Teig in Quadrate schneiden. (Biskuitreste anderweitig verwenden, z. B. für ein Dessert.)

3. Die Sahne mit Vanille-Cremepulver und Puderzucker nach Packungsangabe steif schlagen. Die Hälfte der Kreise mit der Sahne bestreichen und jeweils einen zweiten Teigkreis daraufsetzen. Mit Puderzucker bestäuben und 1 Std. kalt stellen.

FÜR 1 BACKBLECH
(40 X 30 CM, 10 STÜCK)
ZUBEREITUNG: 45 MIN.
+ 1 STD. KÜHLEN
BACKEN: CA. 12 MIN.
PRO STÜCK CA. 255 KCAL
5 g EW, 7 g F, 41 g KH

4 Eier
175 g feiner Zucker
1 Päckchen Vanillezucker
1/8 l Eierlikör
80 g Mehl
80 g Speisestärke
1 TL Backpulver
125 g Sahne

1/2 Päckchen Cremepulver Vanille-Mousse (30 g)
1 EL Puderzucker
Puderzucker zum Bestäuben
AUSSERDEM:
Backpapier für das Blech

ZITRONEN-QUARK-OMELETTS

FÜR 2 BACKBLECHE
(À 40 X 30 CM, 8 STÜCK)
ZUBEREITUNG: 60 MIN.
BACKEN: CA. 10 MIN.
PRO STÜCK CA. 355 KCAL
9 g EW, 15 g F, 46 g KH

FÜR DEN TEIG:
3 Eier
90 g Zucker
Salz
abgeriebene Schale
  von 1 Bio-Zitrone
60 g Mehl
60 g Speisestärke
1/2 TL Backpulver

FÜR DIE FÜLLUNG:
4 EL rotes Johannisbeergelee
250 g Speisequark (20 % Fett)
1 EL Zitronensaft
250 g Sahne
1 Päckchen Sahnesteif
1 EL Zucker
200 g Erdbeeren
Puderzucker zum Bestäuben

1. Den Backofen auf 200° (Umluft 180°) vorheizen. Einen Biskuitteig mit den Zutaten wie angegeben wie im Grundrezept (S. 83) beschrieben zubereiten, dabei die Zitronenschale mit gesiebtem Mehl, Speisestärke und Backpulver vermischen.

2. Aus dem Biskuitteig mit einem Esslöffel 8 Kreise (Ø 10–12 cm) auf zwei mit Backpapier belegte Bleche setzen. Im Backofen (2. Schiene von unten) nacheinander jeweils 8–10 Min. backen. Die Kreise sofort nach dem Backen vom Papier lösen und zu Halbmonden zusammenklappen, so auf einem Kuchengitter abkühlen lassen.

3. Für die Füllung das Gelee erwärmen und glatt rühren. Mit dem Quark und Zitronensaft verrühren. Die Sahne mit Sahnesteif und Zucker steif schlagen und vorsichtig unterheben. Die Erdbeeren waschen, von den Kelchblättern befreien und längs in dünne Scheiben schneiden.

4. Die zusammengeklappten Omeletts mit der Unterseite nach oben auf die Arbeitsfläche legen. Den Sahnequark in einen Spritzbeutel mit Sterntülle füllen, die Omeletts vorsichtig aufbiegen und jeweils Sahnequark hineinspritzen. Einige Erdbeerscheibchen darauflegen. Die Omeletts zusammenklappen und mit Puderzucker bestäuben.

BACKEN MIT QUARK-ÖL-TEIG

CRASHKURS QUARK-ÖL-TEIG

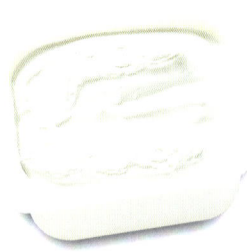

Quark gibt es mager, mittel-fett oder sahnig. Ein Muss beim Backen von Käsekuchen, als Fülle und für Quark-Öl-Teig.

Frischkäse ist doppelrah-mig, geschmeidig-fest und dabei herrlich schmelzig. Ideal für Füllungen und Cremes.

Ricotta Fettarmer Frisch-käse aus Kuh-, Schafs- oder Büffelmolke. Leichte Basis für süße und herzhafte Kuchen.

Sahne muss als Schlag-sahne mind. 30 % Fett ent-halten. Verfeinert und lockert zarte Cremes und feine Torten.

QUARK, KÄSE UND SAHNE

Quark ist ein geschmeidiger Frischkäse aus pasteurisierter, also sekundenkurz erhitzter Milch, die durch Milchsäure-bakterien und Lab eingedickt wird. Die Molke wird in einer Zentrifuge von der frischen Käsemasse abgetrennt, zurück bleibt Magerquark (unter 10 % Fett in der Trockenmasse). Durch Zugabe von Sahne entstehen Quark der Halbfettstufe (20 % i. Tr.) und Sahnequark (40 % i. Tr.). Quark ist unver-zichtbar für Käsekuchen, Tortenfüllungen und Quark-Öl-Teig.

Schichtkäse wird nach dem Säuern nicht zentrifugiert, son-dern in Formen geschöpft und geschichtet. Deshalb ist er fest und flockig und eignet sich ideal zum Käsekuchenbacken.

Ricotta Aus Italien stammt der fettarme mild-säuerliche Frischkäse aus Kuh-, Schafs- oder Büffelmilchmolke, der fester ist als Quark. Ricotta nimmt man gerne für süße und pikante Kuchen.

Frischkäse gibt es von Doppelrahm- (60 % Fett i. Tr.) über Rahmfrischkäse bis zu kalorienreduzierten Light-Produkten. Kompakt und streichfähig, dabei schön sahnig kann man alle Frischkäse zum Backen oder für Füllcremes verwenden. Fettärmere Sorten sind allerdings weicher und brauchen als Creme für Torten mehr Gelatine zum Festwerden.

Mascarpone Der cremig-milde italienische Frischkäse (90 % Fett i. Tr.) aus Kuhmilch eignet sich toll für süße Cremes und feinen Kuchenbelag. Das Besondere: Er enthält kein Salz.

Sahne muss als Schlagsahne mindestens 30 % Fett haben. Weniger fett heißt sie Süße Sahne (um 28 % Fett), lässt sich aber auch noch gut schlagen. Mit steifer Schlagsahne werden Torten gefüllt und überzogen, sie gibt Obstkuchen letzten Schliff. Saure Sahne (mind. 10 % Fett), Schmant (20–24 %) und Crème fraîche (30–40 %) entstehen durch Säuern von Sahne mit Milchsäurebakterien. Alle drei Produkte verwendet man vor allem für herzhafte Kuchen wie Tartes und Quiches.

QUARK-ÖL-TEIG: SCHNELL UND UNKOMPLIZIERT

Quark und Backpulver geben diesem Teig Auftrieb – er gelingt tatsächlich ähnlich locker wie Hefeteig, muss aber nicht ge-hen. Und das spart Zeit: Einfach die Zutaten kurz verrühren, rasch verkneten, den Teig ausrollen, belegen und ab in den Ofen! Das dauert nur 5–10 Min. – vorausgesetzt, Sie lassen bei feuchtem Quark die Molke lange genug vor der Verarbei-tung auf einem Sieb abtropfen. Verwendete man den Quark direkt aus der Packung, müsste man mehr Mehl unter den Teig arbeiten, was den Teig trocken und zäh machen würde.

QUARK-ÖL-TEIG (KLEINGEBÄCK)

1. Den Magerquark auf ein Sieb geben und über einer Schüssel die wässrige Flüssigkeit 20 bis 30 Min. gut abtropfen lassen.

2. Den abgetropften Quark in eine Rührschüssel geben. Die Milch, das Pflanzenöl, den Zucker und 1 Prise Salz dazugeben.

3. Alle Zutaten mit den Rührbesen des Handrührgeräts auf höchster Stufe zu einer glatten, hellen Masse kräftig verquirlen.

FÜR 1 GRUNDREZEPT

150 g Magerquark
100 ml Milch
100 ml neutrales Pflanzenöl
100 g Zucker, Salz
300 g Mehl
1 Päckchen Backpulver
Mehl zum Arbeiten

AUSSERDEM:

Backpapier für das Blech
etwa 250 g Konfitüre
1 Ei (getrennt), 2 EL Milch

BEI 12 STÜCK PRO STÜCK
CA. 215 KCAL
5 g EW, 9 g F, 29 g KH

4. Das Mehl mit dem Backpulver mischen und auf die Quarkmasse sieben. Mit den Knethaken des Handmixers 1 Min. verarbeiten.

5. Alles auf die bemehlte Arbeitsfläche schütten und rasch zu einem glatten Teig verkneten – nicht zu lange, da er sonst klebrig wird.

6. Den Teig mit bemehlten Händen zur Rolle formen – so lässt er sich gut ausrollen. Falls er zu weich ist, noch etwas Mehl hinzufügen.

7. Den Teig 1/2 cm dünn ausrollen und in zwölf Vierecke schneiden. In die Mitte je 2 TL Konfitüre setzen, die Ränder mit Eiweiß bestreichen.

8. Die Teigstücke zu Dreiecken oder Taschen zusammenklappen und festdrücken. Eigelb und Milch verrühren, die Teilchen bepinseln.

9. Auf ein Blech mit Backpapier legen. Im vorgeheizten Backofen bei 200° (2. Schiene von unten; Umluft 180°) 15–20 Min. backen.

BIRNEN-MOHN-KUCHEN

FÜR 1 BACKBLECH
(40 X 30 CM, 20 STÜCKE)
ZUBEREITUNG: 70 MIN.
BACKEN: CA. 30 MIN.
PRO STÜCK CA. 350 KCAL
7 g EW, 16 g F, 43 g KH

FÜR DEN TEIG:
1 Grundrezept Quark-
  Öl-Teig (S. 103)
1 Päckchen Vanillezucker
1 Ei
Fett für das Blech

FÜR DEN BELAG:
100 ml Milch
50 g Butter
2 Packungen Mohn-
  backmischung (à 250 g)
1 TL Zimtpulver
1 Msp. Nelkenpulver
70 g Walnusskerne
750 g Birnen

FÜR DIE STREUSEL:
150 g Mehl
100 g kalte Butter
100 g Zucker
1 Eigelb
1 TL abgeriebene Schale
  einer Bio-Zitrone

1. Ein Backblech einfetten. Nach dem Grundrezept (S. 103) einen Quark-Öl-Teig herstellen, dabei Vanillezucker und das Ei einarbeiten. Auf der bemehlten Arbeitsfläche ausrollen und das Backblech damit auskleiden, dabei die Ränder 2 cm hoch drücken.

2. Für den Belag die Milch zusammen mit der Butter erhitzen, Mohnmischung, Zimt und Nelkenpulver untermischen. Die Nüsse hacken und unterheben. Die Mohnmasse vom Herd nehmen und etwas abkühlen lassen, dann gleichmäßig auf den Teig streichen.

3. Den Backofen auf 200° (Umluft 180°) vorheizen. Die Birnen vierteln, entkernen, schälen und in Spalten schneiden. Auf die Mohnmasse legen.

4. Für die Streusel Mehl, kalte Butter in Würfeln, Zucker, Eigelb und Zitronenschale mit den Händen zu Streuseln reiben. Die Streusel auf den Birnen verteilen. Im Backofen (2. Schiene von unten) 25–30 Min. backen.

* TAUSCH-TIPP Statt der Birnen können Sie zur Abwechslung Äpfel nehmen – schmeckt auch prima.

BLAUBEER-GRIESS-KUCHEN

FÜR 1 SPRINGFORM
(Ø 26 CM, 12 STÜCKE)
ZUBEREITUNG: 60 MIN.
BACKEN: 40 MIN.
PRO STÜCK CA. 235 KCAL
6 g EW, 10 g F, 29 g KH

FÜR DEN TEIG:
100 g Magerquark
75 ml Milch, 75 ml Öl
75 g Zucker, 1 Prise Salz
200 g Mehl, 3 TL Backpulver
Fett für die Form

FÜR DEN BELAG:
400 g Blaubeeren (ersatz-
 weise TK-Heidelbeeren)
50 g Zwieback
1 Päckchen Vanille-Saucen-
 pulver (zum Kochen)

3 EL Grieß, 2 EL Zucker
300 ml Milch, 2 Eier, Salz
abgeriebene Schale von
 1 Bio-Zitrone
Puderzucker zum Bestäuben
(nach Belieben)

1. Quark-Öl-Teig nach Grundrezept (S. 103) herstellen und auf wenig Mehl ca. 1/2 cm dick rund ausrollen. Die Form fetten, mit dem Teig auslegen und einen 3 cm hohen Rand formen.

2. Ofen auf 200° (Umluft 180°) vorheizen. Blaubeeren verlesen. Zwieback in einem Gefrier-beutel mit einer Teigrolle zerbröseln. Saucenpulver mit Grieß, Zucker und 6 EL Milch ver-quirlen. Übrige Milch erhitzen und das angerührte Saucenpulver einrühren, kurz aufkochen lassen. Vom Herd nehmen. Eier trennen, Eigelbe unterrühren. Die Eiweiße mit 1 Prise Salz schnittfest schlagen (s. S. 83) und mit der Zitronenschale unter die Vanillecreme heben. Den Teigboden mit Zwieback bestreuen. Hälfte der Creme daraufgeben, mit den Blaubeeren bestreuen. Übrigen Guss aufstreichen. Im Ofen (2. Schiene von unten) 40 Min. backen.

FEIGEN-NUSS-KRANZ

1. Für die Füllung die Rosinen in dem Calvados einweichen. Die Datteln entsteinen und ebenso wie die Feigen in 1/2 cm kleine Stücke schneiden. Mit Orangeat und Zitronat mischen.

2. Den Backofen auf 180° (Umluft 160°) vorheizen. Ein Blech mit Backpapier belegen. Einen Quark-Öl-Teig nach dem Grundrezept (S. 103) herstellen, dabei zusätzlich 50 g Mehl und die Gewürze einarbeiten. Auf der bemehlten Arbeitsfläche zu einem Rechteck von ca. 50 x 40 cm ausrollen.

3. Nuss-Nougat-Creme und Mascarpone verrühren und die Masse auf den Teig streichen. Die Teigplatte in der Mitte der Länge nach durchschneiden. Die Rosinen abtropfen lassen und zusammen mit den Trockenfrüchten auf jedem Teigstück verteilen, sodass an der Schnittkante je 2 cm Teig frei bleiben. Jede Seite von der langen Seite her von außen nach innen aufrollen, beide Rollen umeinanderschlingen und als Kranz auf das Blech legen.

4. Das Eigelb mit der Sahne verquirlen und die Teigoberfläche damit dünn bestreichen. Den Kranz im Ofen (2. Schiene von unten) 30 Min. backen. Etwas abkühlen lassen.

5. Den Puderzucker mit Zitronensaft zu einer Glasur verrühren. Den noch lauwarmen Kranz damit bestreichen und sofort mit den kandierten Früchten bestreuen.

FÜR 1 BACKBLECH (40 X 30 CM, 16 STÜCKE)
ZUBEREITUNG: 60 MIN.
BACKEN: 30 MIN.
PRO STÜCK CA. 345 KCAL
5 g EW, 13 g F, 52 g KH

FÜR DEN TEIG:
1 Grundrezept Quark-Öl-Teig (S. 103)
50 g Mehl
je 1 Msp. Zimtpulver, Anis und Kardamom
FÜR DIE FÜLLUNG:
40 g Rosinen
3 EL Calvados (ersatzweise Apfelsaft)
60 g getrocknete Datteln
100 g getrocknete Feigen
80 g Orangeat
80 g Zitronat
100 g Nuss-Nougat-Creme
100 g Mascarpone
ZUM FERTIGSTELLEN:
1 Eigelb
2 EL Sahne
100 g Puderzucker
1 EL Zitronensaft
50 g kandierte Fruchtstücke

APFELTASCHEN

1. Einen Quark-Öl-Teig nach dem Grundrezept (S. 103) herstellen. Die Äpfel vierteln, schälen, von den Kerngehäusen befreien und klein würfeln, sofort mit dem Zitronensaft mischen. Mit Zucker und Vanillezucker in einer Kasserolle aufkochen und 3 Min. bei mittlerer Hitze dünsten. Vom Herd nehmen, abkühlen lassen.

2. Den Backofen auf 200° (Umluft 180°) vorheizen. Zwei Bleche mit Backpapier belegen. Den Teig auf der bemehlten Arbeitsfläche ca. 30 x 60 cm groß ausrollen und in Quadrate (10 x 10 cm) schneiden. In die Mitte je 2 TL Füllung setzen. Die Ränder mit Eiweiß bestreichen. Gegenüberliegende Teigspitzen aufeinanderlegen, sodass Dreiecke entstehen. Die Teigränder gut andrücken.

3. Die Teigdreiecke auf die Backbleche setzen. Eigelb und Milch verrühren und auf das Gebäck streichen. Im Backofen (2. Schiene von unten) nacheinander (bei Umluft zusammen) in 15–20 Min. goldbraun backen. Mit Puderzucker bestäuben.

FÜR 2 BACKBLECHE
(À 40 X 30 CM, 18 STÜCK)
ZUBEREITUNG: 45 MIN.
BACKEN: CA. 2 X 20 MIN.
PRO STÜCK CA. 180 KCAL
4 g EW, 6 g F, 26 g KH

1 Grundrezept Quark-
  Öl-Teig (S. 103)
2 säuerliche Äpfel
  (z. B. Boskoop, ca. 400 g)
2 EL Zitronensaft
75 g Zucker

1 Päckchen Vanillezucker
1 Ei (getrennt) zum
  Bestreichen
2 EL Milch
Puderzucker zum
  Bestäuben

ORANGEN-
NUSS-SCHNECKEN

1. Für die Füllung Rosinen und Korinthen in 3 EL Orangensaft einweichen. Inzwischen einen Quark-Öl-Teig nach dem Grundrezept (S. 103) zubereiten, dabei den Vanillezucker mit einarbeiten.

2. Den Backofen auf 200° (Umluft 180°) vorheizen. Zwei Bleche mit Backpapier belegen. Den Teig auf wenig Mehl dünn (ca. 45 x 35 cm) ausrollen. Butter und Orangenmarmelade vermischen und auf die Teigplatte streichen. Rosinen und Korinthen gut abtropfen lassen und mit den Nüssen auf den Teig streuen.

3. Die Teigplatte von der breiten Seite her aufrollen und in 16 etwa 2 cm dicke Scheiben schneiden. Die Teigschnecken auf die Bleche setzen. Im Ofen (2. Schiene von unten) nacheinander (bei Umluft zusammen) 15–20 Min. backen.

4. Inzwischen den Puderzucker mit dem übrigen Orangensaft verrühren. Das Gebäck sofort nach dem Backen damit bestreichen.

FÜR 2 BACKBLECHE
(À 40 X 30 CM, 16 STÜCK)
ZUBEREITUNG: 60 MIN.
BACKEN: CA. 2 X 20 MIN.
PRO STÜCK CA. 370 KCAL
4 g EW, 12 g F, 35 g KH

50 g Rosinen
50 g Korinthen
5 EL Orangensaft
1 Grundrezept Quark-
   Öl-Teig (S. 103)
1 Päckchen Vanillezucker

50 g weiche Butter
2 EL Orangenmarmelade
75 g gehackte Hasel-
   nüsse
100 g Puderzucker

OSTERNESTCHEN

1. Einen Quark-Öl-Teig nach dem Grundrezept (S. 103) herstellen, dabei den Vanillezucker und die Zitronenschale mit einarbeiten.

2. Den Backofen auf 200° (Umluft 180°) vorheizen. Zwei Backbleche mit Backpapier belegen. Aus dem Teig auf der leicht bemehlten Arbeitsfläche 20 etwa tischtennisballgroße Kugeln und daraus etwa 25 cm lange Rollen formen. Je zwei Rollen wie zu einer Kordel umeinanderschlingen, zu einem Kränzchen schließen und auf die Backbleche legen.

3. Eigelb und Milch verquirlen und die Kränzchen damit bestreichen. Im Backofen (2. Schiene von unten) nacheinander (bei Umluft zusammen) in je 15–20 Min. goldbraun backen. Herausnehmen und auf einem Gitter auskühlen lassen.

FÜR 2 BACKBLECHE
(À 40 X 30 CM, 10 STÜCK)
ZUBEREITUNG: 45 MIN.
BACKEN: CA. 2 X 20 MIN.
PRO STÜCK CA. 270 KCAL
6 g EW, 11 g F, 35 g KH

1 Grundrezept Quark-
  Öl-Teig (S. 103)
1 Päckchen Vanillezucker
abgeriebene Schale von
  1 Bio-Zitrone
1 Eigelb
2 EL Milch

ZWETSCHGEN-KOLATSCHEN

FÜR 2 BACKBLECHE
(À 40 X 30 CM, 12 STÜCK)
ZUBEREITUNG: 60 MIN.
BACKEN: CA. 2 X 20 MIN.
PRO STÜCK CA. 310 KCAL
7 g EW, 10 g F, 47 g KH

1 Grundrezept Quark-Öl-Teig
  (S. 103)
1 Päckchen Vanillezucker
1 Ei
abgeriebene Schale von
  1 Bio-Zitrone

150 g Magerquark
1 Eigelb
1 EL Puderzucker
1 TL Speisestärke
300 g Zwetschgenmus
Puderzucker zum Bestäuben

1. Nach dem Grundrezept (S. 103) einen Quark-Öl-Teig kneten, dabei Vanillezucker, Ei und abgeriebene Zitronenschale mit einarbeiten.

2. Für die Füllung den Quark in ein Sieb geben und 10 Min. abtropfen lassen, dann mit Eigelb, Puderzucker und Stärke verrühren und kalt stellen. Das Zwetschgenmus in einem Topf erwärmen und bei schwacher Hitze 5 Min. einkochen, dann abkühlen lassen.

3. Den Backofen auf 200° (Umluft 180°) vorheizen. Zwei Bleche mit Backpapier belegen. Den Teig auf der bemehlten Arbeitsfläche zu einer Rolle formen. In zwölf gleich große Portionen teilen. Diese auf den Blechen jeweils zu einem runden Teigstück von 8 cm Ø flach drücken, am Rand einen kleinen Wulst formen. In die Mitte je 1 EL Zwetschgenmus und darauf 1 TL Quarkmasse geben.

4. Im Backofen (2. Schiene von unten) nacheinander (bei Umluft zusammen) in 15–20 Min. goldbraun backen. Auf einem Kuchengitter abkühlen lassen. Vor dem Servieren mit Puderzucker bestäuben.

★ TAUSCH-TIPP Statt Zwetschgen- mal Hagebuttenmus nehmen und die Quarkfüllung durch einen Klecks Mohnmasse (fertig aus dem Backregal) ersetzen.

FRÜHSTÜCKSHÖRNCHEN

FÜR 1 BACKBLECH
(40 X 30 CM, 10 STÜCK)
ZUBEREITUNG: 45 MIN.
BACKEN: CA. 20 MIN.
PRO STÜCK CA. 270 KCAL
7 g EW, 13 g F, 30 g KH

1 Grundrezept Quark-
Öl-Teig (S. 103), jedoch
mit nur 50 g Zucker
1 Eigelb

2 EL Milch
Sesam, Sonnenblumen-
und Kürbiskerne zum
Bestreuen

1. Einen Quark-Öl-Teig nach dem Grundrezept (S. 103) herstellen, aber nur 50 g Zucker unterkneten.

2. Den Backofen auf 200° (Umluft 180°) vorheizen. Ein Backblech mit Backpapier belegen. Den Teig auf der leicht bemehlten Arbeitsfläche in zehn gleich große Portionen teilen, jede Portion zu einer etwa 18 cm langen Rolle formen, dabei die Enden etwas dünner formen. Die Teigrollen zu Hörnchen biegen und auf das vorbereitete Backblech legen.

3. Eigelb und Milch verrühren und die Hörnchen damit einstreichen. Nach Belieben mit Sesam, Sonnenblumen- und Kürbiskernen bestreuen. Im Ofen (2. Schiene von unten) 15–20 Min. backen. Die Hörnchen vom Blech nehmen und auf einem Kuchenrost erkalten lassen.

★ PROFI-TIPP Sie können aus dem Teig auch Mini-Brötchen formen. Dazu den Teig in gleich große Portionen teilen, jede Portion zu einer kleinen Kugel formen und diese kreuzweise einschneiden.

APRIKOSENBROT

FÜR 1 KASTENFORM
(30 CM LANG, 16 SCHEIBEN)
ZUBEREITUNG: 40 MIN.
BACKEN: CA. 50 MIN.
PRO SCHEIBE CA. 215 KCAL
5 g EW, 9 g F, 27 g KH

100 g getrocknete Aprikosen
50 g Rosinen
1/2 TL Zimtpulver
4 EL Orangensaft

1 Grundrezept Quark-Öl-Teig
 (S. 103)
60 g gehackte Pistazien
Fett für die Form

1. Die Aprikosen in kleine Würfel schneiden, mit Rosinen und Zimt mischen und mit dem Orangensaft beträufeln, 20 Min. einweichen.

2. Den Backofen auf 180° (Umluft 160°) vorheizen. Die Form fetten. Den Quark-Öl-Teig nach dem Grundrezept (S. 103) zubereiten. Aprikosen und Rosinen abtropfen lassen und auf der leicht bemehlten Arbeitsfläche zusammen mit den Pistazien unter den Teig kneten.

3. Den Teig zu einem etwa 30 cm langen Laib formen und in die Form legen. Im Backofen (2. Schiene von unten) 45–50 Min. backen. 10 Min. stehen lassen, dann aus der Form stürzen und auf einem Kuchenrost auskühlen lassen.

★ DAS SCHMECKT DAZU Am besten lauwarm mit Butter und Konfitüre servieren.

HERZHAFTER KÄSEKUCHEN VOM BLECH

1. Einen Quark-Öl-Teig nach dem Grundrezept (S. 103) zubereiten, dabei statt Zucker 1 TL Salz mit einarbeiten. Den Teig auf der leicht bemehlten Arbeitsfläche etwa in der Größe des Blechs ausrollen. Das Backblech fetten und den Teig darauf auslegen, dabei an allen Seiten einen etwa 2 cm hohen Rand formen.

2. Den Backofen auf 180° (Umluft 160°) vorheizen. Alle drei Käsesorten reiben. Eier mit Sahne und saurer Sahne verquirlen, unter den Käse rühren. Mit Salz, Pfeffer und Muskat pikant abschmecken. Die Käsemischung auf den Teig streichen. Im Ofen (2. Schiene von unten) 50–60 Min. backen.

3. Den Schnittlauch waschen, trocken schütteln und in feine Röllchen schneiden. Den Käsekuchen in Stücke schneiden und mit dem Schnittlauch bestreuen.

★ DAS SCHMECKT DAZU Ein grüner Blattsalat und ein Glas Wein.

★ TAUSCH-TIPP Statt auf dem Blech können Sie den Kuchen auch in einer Springform backen: Dazu die Mengen halbieren. Den Teig 5 Min. vorbacken, dann die Füllung daraufgeben und wie beschrieben fertig backen. Lauwarm oder kalt servieren.

FÜR 1 BACKBLECH (40 X 30 CM, 20 STÜCKE)
ZUBEREITUNG: 50 MIN.
BACKEN: CA. 60 MIN.
PRO STÜCK CA. 310 KCAL
12 g EW, 21 g F, 18 g KH

FÜR DEN TEIG:
1 Grundrezept Quark-Öl-Teig (S. 103)
Salz
Fett für das Blech
FÜR DEN BELAG:
200 g Emmentaler Käse
200 g Greyerzer Käse
100 g Appenzeller Käse
4 Eier
300 g Sahne
200 g saure Sahne
Salz
schwarzer Pfeffer
frisch geriebene Muskatnuss
1 Bund Schnittlauch

BROKKOLI-QUICHE

FÜR 1 SPRINGFORM
(Ø 26 CM, 12 STÜCKE)
ZUBEREITUNG: 45 MIN.
BACKEN: CA. 35 MIN.
PRO STÜCK CA. 235 KCAL
8 g EW, 15 g F, 16 g KH

FÜR DEN TEIG:
1/2 Grundrezept Quark-
Öl-Teig (S. 103)
Salz, 1 TL getrockneter
Thymian, Fett für die Form

FÜR DEN BELAG:
400 g Brokkoli, Salz
125 g Mozzarella
50 g getrocknete Tomaten
(in Öl)

2 Eier, 100 g Sahne
200 g Halbfett-Frischkäse
schwarzer Pfeffer
edelsüßes Paprikapulver
2 EL Sesam

1. Einen Quark-Öl-Teig nach dem Grundrezept (S. 103) zubereiten, dabei statt des Zuckers 1 TL Salz und den Thymian einarbeiten. Auf der bemehlten Fläche rund ausrollen. Die Form fetten und mit dem Teig auskleiden, den Rand 3 cm hoch formen.

2. Für den Belag Brokkoli putzen, in Röschen teilen, Stiele schälen und in dünne Scheiben schneiden. In kochendem Salzwasser 3 Min. blanchieren, abschrecken, abtropfen lassen.

3. Ofen auf 200° (Umluft 180°) vorheizen. Mozzarella würfeln. Tomaten abgießen, in Streifen schneiden. Eier, Sahne und Frischkäse verrühren, mit Salz, Pfeffer und Paprika würzen.

4. Brokkoli, Mozzarella und Tomaten mischen, auf dem Teig verteilen. Eier-Käse-Guss darauf verteilen und mit dem Sesam bestreuen. Im Ofen (Mitte) 30–35 Min. backen. Heiß servieren.

PIKANTER PAPRIKAKUCHEN

FÜR 1 SPRINGFORM
(Ø 26 CM, 12 STÜCKE)
ZUBEREITUNG: 40 MIN.
BACKEN: 30 MIN.
PRO STÜCK CA. 265 KCAL
9 g EW, 18 g F, 16 g KH

FÜR DEN TEIG:
225 g Magerquark
150 ml Milch
150 ml Öl, Salz
300 g Mehl
1 Päckchen Backpulver
Fett für die Form

FÜR DEN BELAG:
100 g Chorizo (Paprikawurst;
  ersatzweise Cabanossi)
je 1 kleine rote, grüne und
  gelbe Paprikaschote
1 rote Peperoni
1 Knoblauchzehe

2 EL Olivenöl
Salz, schwarzer Pfeffer
100 g mittelalter Gouda
200 g Schmant
3 Eier
2 EL scharfer Ajvar
  (Paprikapaste)

1. Den Teig wie im Grundrezept (S. 103) beschrieben mit den angegebenen Zutaten zubereiten. Auf der bemehlten Fläche rund ausrollen. Die Form fetten und mit dem Teig auslegen, einen 3 cm hohen Rand formen.

2. Für den Belag die Chorizo in dünne Scheiben, dann diese in feine Streifen schneiden. Die Paprikaschoten waschen, vierteln, entkernen und in Streifen schneiden. Peperoni putzen, waschen und in feine Ringe schneiden. Den Knoblauch schälen und fein würfeln.

3. Den Backofen auf 200° (Umluft 180°) vorheizen. Das Olivenöl erhitzen und Paprika, Peperoni und Knoblauch darin 2 Min. anbraten, dann mit Salz und Pfeffer abschmecken. Vom Herd nehmen. Den Käse grob reiben und mit der Chorizo unter das Gemüse mischen.

4. Den Schmant mit Eiern und Ajvar zu einem Guss verrühren und mit Salz und Pfeffer würzen. Die Gemüsemischung auf dem Teig verteilen. Den Guss gleichmäßig darübergeben. Im Ofen (2. Schiene von unten) 30 Min. backen. Heiß servieren.

★ TUNING-TIPP Den Kuchen vorm Servieren noch mit 1 Bund fein geschnittenem Schnittlauch bestreuen.

CALZONE
MIT SCHINKEN

1. Einen Quark-Öl-Teig nach dem Grundrezept (S. 103) mit Mehl Type 550 zubereiten, dabei statt Zucker 1 TL Salz und den Oregano hinzufügen.

2. Den Schinken klein würfeln. Die Tomaten waschen, vom Stielansatz befreien, entkernen und ebenfalls klein würfeln. Die Petersilie abbrausen und trocken schütteln, die Blätter abzupfen und hacken. Alle drei Zutaten mit Ricotta, Ei und Parmesan vermengen und mit Salz und Pfeffer würzen.

3. Den Backofen auf 200° (Umluft 180°) vorheizen. Ein Backblech mit Backpapier belegen. Den Teig auf der bemehlten Arbeitsfläche zu einem 4 mm dicken Fladen ausrollen und auf das Blech legen. Die Füllung auf eine Teighälfte geben, dabei am Rand 2 cm frei lassen. Die Ränder mit Eiweiß bestreichen, den Teig zusammenklappen und mit dem Öl bestreichen.

4. Die Calzone im heißen Backofen (2. Schiene von unten) 30 Min. backen. Herausnehmen, in vier Stücke schneiden und sofort servieren.

FÜR 1 BACKBLECH
(40 X 30 CM, 4 STÜCKE)
ZUBEREITUNG: 45 MIN.
BACKEN: 30 MIN.
PRO STÜCK CA. 905 KCAL
35 g EW, 45 g F, 89 g KH

FÜR DEN TEIG:
1 Grundrezept Quark-
   Öl-Teig (S. 103) mit
   Weizenmehl Type 550
Salz
1 TL getrockneter
   Oregano

FÜR DIE FÜLLUNG:
150 g gekochter Schinken
   (in dünnen Scheiben)
2 Tomaten
1 Bund Petersilie
200 g Ricotta
1 Ei

50 g geriebener
   Parmesan
Salz
schwarzer Pfeffer
1 Eiweiß
2 EL Olivenöl

HACKFLEISCH-MAIS-SCHNECKEN

FÜR 2 BACKBLECHE
(À 40 X 30 CM, 16 STÜCK)
ZUBEREITUNG: 60 MIN.
BACKEN: CA. 2 X 20 MIN.
PRO STÜCK CA. 240 KCAL
10 g EW, 12 g F, 23 g KH

FÜR DEN TEIG:
1 Grundrezept Quark-Öl-Teig
  (S. 103) mit Olivenöl
Salz
1/2 TL Cayennepfeffer

FÜR DIE FÜLLUNG:
1 Zwiebel
1 Knoblauchzehe
3 Tomaten
1 Dose Mais (130 g Abtropfgewicht)

2 EL Olivenöl
300 g Rinderhackfleisch
3 EL Tomatenmark
Salz, schwarzer Pfeffer
100 g geriebener Pizzakäse
  (Kühlregal)

1. Einen Quark-Öl-Teig nach Grundrezept (S. 103) zubereiten, dabei statt des neutralen Öls Olivenöl und anstelle
von Zucker 1 TL Salz und Cayennepfeffer mit einarbeiten.

2. Für die Füllung Zwiebel und Knoblauch schälen und
fein würfeln. Die Tomaten waschen, halbieren, entkernen
und in kleine Würfel schneiden. Den Mais in ein Sieb
abgießen und gut abtropfen lassen.

3. Das Öl erhitzen, Hackfleisch unter Wenden in 5 Min.
braun und krümelig braten. Zwiebeln und Knoblauch dazugeben und glasig braten. Tomaten, Mais und Tomatenmark untermischen, mit Salz und Pfeffer kräftig würzen.

4. Den Backofen auf 180° (Umluft 160°) vorheizen. Zwei
Bleche mit Backpapier belegen. Den Teig auf der bemehlten Arbeitsfläche zu einem etwa 40 x 30 cm großen Rechteck ausrollen.

5. Die Hackfleischmischung daraufstreichen und mit
dem Käse bestreuen, dabei einen 1–2 cm breiten Rand
frei lassen. Den Teig von beiden Längsseiten her bis zur
Mitte aufrollen und das Ganze in 1–2 cm dicke Scheiben
schneiden. Die Doppelschnecken auf die Bleche legen
und etwas flach drücken. Im Ofen (Mitte) nacheinander
(bei Umluft zusammen) jeweils 15–20 Min. backen.

FRÜHLINGS-ZWIEBEL-PLÄTZCHEN

1. Einen Quark-Öl-Teig nach dem Grundrezept (S. 103) zubereiten, dabei statt Zucker 1 TL Salz, Pfeffer und 1 Prise geriebene Muskatnuss einarbeiten.

2. Zwei Backbleche mit Backpapier belegen. Den Teig auf der bemehlten Arbeitsfläche 3 mm dünn ausrollen, Plätzchen von 5 cm Ø ausstechen. Diese mit etwas Abstand auf die Bleche verteilen. Die Teigreste erneut ausrollen und ausstechen, bis alles verbraucht ist.

3. Den Backofen auf 180° (Umluft 160°) vorheizen. Frühlingszwiebeln waschen, putzen, das Weiße und Hellgrüne in feine Würfel schneiden. Die Eigelbe verquirlen und die Plätzchen damit bestreichen. Mit den Frühlingszwiebeln und Sesamsamen bestreuen und beides leicht in den Teig drücken. Im Backofen (Mitte) nacheinander (bei Umluft zusammen) in 15–20 Min. goldbraun backen. Abkühlen lassen.

* DAS SCHMECKT DAZU Die Plätzchen sind eine köstliche Knabberei zu einem Glas Wein oder Bier.

FÜR 2 BACKBLECHE
(À 40 X 30 CM, 44 STÜCK)
ZUBEREITUNG: 45 MIN.
BACKEN: CA. 2 X 20 MIN.
PRO STÜCK CA. 65 KCAL
2 g EW, 3 g F, 8 g KH

1 Grundrezept Quark-
   Öl-Teig (S. 103)
Salz
schwarzer Pfeffer
frisch geriebene Muskat-
   nuss
1 Bund Frühlingszwiebeln
2 Eigelbe
2 EL Sesam

KÄSEBREZELN MIT KÜMMEL UND SALZ

FÜR 2 BACKBLECHE
(À 40 X 30 CM, 24 STÜCK)
ZUBEREITUNG: 50 MIN.
BACKEN: CA. 2 X 20 MIN.
PRO STÜCK CA. 290 KCAL
11 g EW, 14 g F, 29 g KH

1 Grundrezept Quark-Öl-Teig
(S. 103), Salz
1 TL gemahlener Kreuz-
kümmel

1/2 TL Cayennepfeffer
200 g geriebener Emmen-
taler
2 Eigelbe

2 EL Sahne
je 2 TL Kümmelsamen
und grobes Salz zum
Bestreuen

1. Einen Quark-Öl-Teig nach Grundrezept (S. 103) zubereiten, dabei statt Zucker 1 TL Salz, Kreuzkümmel und Cayennepfeffer zufügen. Käse mit dem Mehl mischen und einarbeiten.

2. Den Backofen auf 200° (Umluft 180°) vorheizen. Zwei Bleche mit Backpapier belegen. Den Teig zu 24 Kugeln (Ø 4 cm) formen, diese zu etwa 25 cm langen Strängen rollen und auf den Blechen zu Brezeln formen.

3. Die Eigelbe mit Sahne verquirlen, Brezeln damit bestreichen. Je zur Hälfte mit Kümmel und Salz bestreuen. Im Ofen (2. Schiene von unten) nacheinander (bei Umluft zusammen) in 15–20 Min. goldgelb backen. Vom Blech nehmen und auf einem Kuchengitter abkühlen lassen. Die zweite Portion ebenso verarbeiten.

★ SERVIER-TIPP Die Brezeln schmecken frisch am besten, z. B. als Mini-Imbiss zum Aperitif.

BACKEN MIT BRANDTEIG

CRASHKURS BRANDTEIG

Reines Kokosfett in Plattenform: gut portionierbar, geschmacksneutral und hoch erhitzbar. Gut zum Frittieren.

Walnussöl verleiht süßem Gebäck einen feinen, nussigen Geschmack. Mit dem sehr aromatischen Öl sparsam würzen.

Rapsöl Das raffinierte Speiseöl hat ein so mildes Aroma, dass man es am besten für süße Quark-Öl-Teige nimmt.

Olivenöl passt in Pizza- und Brotteig. Hochwertiges ist kaltgepresst mit dem Zusatz »nativ« auf dem Etikett.

PFLANZENÖLE

Öl macht Teige geschmeidig oder verleiht ihnen einen ausgeprägten Geschmack. Ob ein Pflanzenöl »kalt gepresst« bzw. »nativ« ist, steht auf dem Etikett. Die Herstellung erfolgte dann sehr schonend, wertvolle Inhaltsstoffe bleiben erhalten. Raffinierte Öle (sie werden heiß extrahiert und stark gereinigt) sind preiswerter, geschmacksneutral und sowohl zum Backen als auch zum Frittieren geeignet.

Olivenöl wird aus dem Fruchtfleisch der Oliven gepresst und in riesiger Vielfalt angeboten. Mehr oder minder stark aromatisch und immer leicht fruchtig im Geschmack ist es in den Qualitätsstufen extra (erste Güteklasse), fein und mittelfein erhältlich. Die besten Olivenöle heißen »Natives Olivenöl extra« und sind aus erster Pressung. Ohne Olivenöl geht bei Pizzen und italienischen Broten nichts.

Rapsöl Raffiniert und geschmacksneutral ist es besonders zum Backen von Quark-Öl-Gebäck geeignet. Da es hohe Temperaturen verträgt, ohne zu verbrennen, kann man es auch zum Frittieren verwenden.

Sonnenblumenöl (raffiniert) passt ebenfalls gut in Quark-Öl-Teig, weil es mit mildem Aroma nicht den Eigengeschmack des Gebäcks überdeckt.

Walnuss- und Haselnussöl besitzen ein intensives, aber angenehmes Nussaroma, das vor allem süße Teige würzt.

FESTE PFLANZENFETTE

...werden aus Kernen und Früchten der Kokos- und Ölpalme, teils unter Zusatz von künstlich gehärteten Ölen, hergestellt. Sie sind geschmacksneutral und frei von Wasser. Daher spritzen oder rauchen sie selbst bei hohen Temperaturen (180–250°) nicht, sondern brutzeln Frittiertes goldbraun.

Reines Kokosfett Meist als Platten im Handel. Schneeweiß, geschmacksneutral, hitzestabil, also ideal zum Ausbacken.

Palmkernfett aus den Früchten der Ölpalme ähnelt in Farbe und Geschmack dem Kokosfett. Seine Vorzüge: hoch erhitzbar und lange haltbar. Super als Frittierfett.

Geschmeidige Pflanzenfette oder Soft-Fette eignen sich zum Frittieren und Braten, da ihr Rauchpunkt über 200° liegt.

BRANDTEIG: KROSS UND FLUFFIG

Erst gekocht, dann gebacken – der Name Brandteig weist auf das Besondere hin: »Abbrennen« heißt, dass Fett, Wasser und Mehl erhitzt und gerührt werden, bis sich ein dicker Kloß bildet. Erst die Eier machen es möglich, dass die zähe Masse beim Backen hochsteigt und große Hohlräume bildet.

Wichtig: Eier nach und nach einzeln unterarbeiten. Der Teig darf nicht zu weich sein. Das letzte Ei eventuell weglassen. Genau richtig ist die Konsistenz des Teigs, wenn er glänzt und in langen, aber noch festen Spitzen am Löffel hängt.

BRANDTEIG (WINDBEUTEL)

1. 1/4 l Wasser mit der Butter in einem ausreichend großen Stieltopf zum Kochen bringen. Das Salz hinzufügen.

2. Mehl sieben und auf einmal in das Wasser schütten, niemals langsam einstreuen, dabei mit einem Kochlöffel ständig rühren.

3. Bei mittlerer Hitze so lange kräftig rühren, bis ein glatter Teigklumpen entstanden ist, der sich allmählich vom Topfboden löst.

4. Den Teigkloß noch 2 Min. bei starker Hitze »abbrennen«: Auf dem Topfboden sollte sich eine dünne weiße Schicht bilden.

5. Den Teigkloß in eine Rührschüssel geben. Nach und nach die Eier einzeln zufügen und mit den Knethaken des Handmixers unterrühren.

6. Ein Backblech mit Backpapier auslegen. Mit zwei Esslöffeln 8 Teighäufchen im Abstand von etwa 5 cm auf das Blech setzen.

7. Im Ofen (Mitte) bei 200° (Umluft 180°) in 20–25 Min. goldbraun backen. Die Backofentür in den ersten 15 Min. nicht öffnen!

8. Sofort nach dem Backen von jedem Windbeutel mit einem scharfem Messer oder einer Schere einen kleinen Deckel abschneiden.

9. Die Windbeutel auf einem Kuchenrost ausdampfen und auskühlen lassen, dann je nach Rezept mit Sahne oder Creme füllen.

FÜR 1 GRUNDREZEPT
60 g Butter
1/2 TL Salz
150 g Mehl
4 Eier

AUSSERDEM:
Backpapier für das Blech

BEI 8 STÜCK PRO STÜCK
CA. 165 KCAL
5 g EW, 10 g F, 14 g KH

www.küchengötter.de/backvideos

1. WINDBEUTEL UND PROFITEROLES BACKEN UND FÜLLEN

FÜR 1 GRUNDREZEPT

1 Grundrezept Brandteig
  (S. 125)
400 g Sahne
1 Päckchen Sahnesteif
1 EL Zucker

1. Den Brandteig (Grundrezept) mit einem Spritzbeutel mit großer Sterntülle als tennisballgroße Rosetten auf das Blech spritzen.

2. Die Windbeutel backen, dann aufschneiden und auskühlen lassen. Die Sahne mit Sahnesteif und Zucker steif schlagen.

3. Die Sahne mit einem Spritzbeutel mit Sterntülle in die Windbeutel spritzen und eventuell mit Früchten belegen. Die Deckel daraufsetzen.

2. FLOCKENTORTE

FÜR 1 GRUNDREZEPT

1 Grundrezept Brandteig
  (S. 125)
8 EL Pflaumenmus
500 g Sahne
1 EL Vanillezucker
Puderzucker zum Bestäuben

1. Ein Blech mit Backpapier auslegen. Mit dem Ring einer Springform (Ø 26 cm) darauf einen Kreis markieren. Brandteig herstellen.

2. Die Hälfte des Teigs in die Mitte des Kreises geben und mit einem nassen Löffel ca. 2 cm über die Markierung hinaus verstreichen.

3. Den Boden im Backofen (Mitte) bei 200° (Umluft 180°) 15–20 Min. backen, etwas abkühlen lassen. Zweiten Boden genauso backen.

3. SPRITZKUCHEN

FÜR 1 GRUNDREZEPT

1 Grundrezept Brandteig
  (S. 125)
1 kg reines Pflanzenfett
Öl zum Bestreichen

1. Den Brandteig (Grundrezept) herstellen und in einen Spritzbeutel mit Sterntülle füllen. Vier Bögen Backpapier mit Öl bestreichen.

2. Je 4 Teigringe (ca. 5 cm Ø) mit etwas Abstand auf die Papierbögen spritzen. 1 kg reines Pflanzenfett in einem hohen Topf erhitzen.

3. Das Ausbackfett hat die richtige Temperatur, wenn sich um einen in das Fett gehaltenen Holzlöffelstiel Bläschen bilden.

4. Für Profiteroles den Teig als walnussgroße Rosetten auf das Blech spritzen. Im Backofen bei 200° (Umluft 180°) 12–15 Min. backen.

5. Sofort nach dem Backen mit der Spritztülle ein Loch in den Boden der Mini-Windbeutel bohren. Ausdampfen und auskühlen lassen.

6. Die Sahne mit Sahnesteif und Zucker steif schlagen, in einen Spritzbeutel mit Tülle geben und die Profiteroles damit füllen.

4. Die warmen Böden mit Hilfe des Springformrands sauber ausschneiden. Die Kuchenreste in kleine Stücke zerbröseln.

5. Beide Böden mit je 4 EL Pflaumenmus bestreichen. Die Sahne mit Vanillezucker steif schlagen und jeweils die Hälfte daraufstreichen.

6. Die Böden als Torte aufeinander schichten. Die Oberfläche mit den Kuchenresten bestreuen und mit Puderzucker fein bestäuben.

4. Zum Backen je einen Papierbogen mitsamt Teigringen anheben und vorsichtig mit der Oberseite nach unten ins heiße Fett tauchen.

5. Nach ein paar Sekunden lösen sich die Teigringe vom Papier ab. Portionsweise schwimmend von beiden Seiten 5–6 Min. ausbacken.

6. Spritzkuchen mit einer Schaumkelle aus dem Fett nehmen und auf einem mit Küchenpapier belegten Kuchenrost abtropfen lassen.

WINDBEUTEL MIT FRUCHTSALAT

FÜR 1 BACKBLECH
(40 X 30 CM, 8 STÜCK)
ZUBEREITUNG: 60 MIN.
BACKEN: CA. 25 MIN.
PRO STÜCK CA. 255 KCAL
7 g EW, 11 g F, 29 g KH

1 Grundrezept Brandteig
  (S. 125)
1/2 Päckchen Vanille-
  Puddingpulver (ca. 20 g)

2 EL Zucker, 1/4 l Milch
1 Banane, 2 Kiwis
100 g Brombeeren
100 g Himbeeren

1 EL Zitronensaft
2 EL Puderzucker

1. Den Ofen auf 200° (Umluft 180°) vorheizen. Backblech mit Backpapier belegen. Einen Brandteig nach Grundrezept (S. 125) herstellen. Mit einem Spritzbeutel mit großer Stern-tülle acht tennisballgroße Rosetten auf das Blech spritzen. Im Ofen (Mitte) in 20–25 Min. goldbraun backen. Windbeutel noch warm aufschneiden (s. S. 125) und auskühlen lassen.

2. Inzwischen Vanillepudding mit Zucker und Milch nach Packungsangabe zubereiten, ab-kühlen lassen. Banane und Kiwis schälen, in Scheiben schneiden, die Beeren verlesen. Obst mischen, mit Zitronensaft und Puderzucker würzen. Untere Windbeutelhälften dünn mit dem Pudding bestreichen. Obst abtropfen lassen und auf dem Pudding verteilen. Deckel auflegen.

★ PROFI-TIPP Gefüllte Windbeutel am besten sofort servieren und vernaschen; denn sie verlieren wegen der feuchten Füllung rasch an Knusprigkeit.

STRACCIATELLA-WINDBEUTEL

1. Backofen auf 200° (Umluft 180°) vorheizen. Backblech mit Backpapier belegen. Einen Brandteig nach Grundrezept (S. 125) herstellen. Mithilfe eines Spritzbeutels mit großer Sterntülle acht tennisballgroße Rosetten auf das Backblech spritzen. Im Ofen (Mitte) in 20–25 Min. goldbraun backen. Die Windbeutel noch warm aufschneiden (s. S. 125) und auskühlen lassen.

2. Für die Füllung die Sahne mit dem Sahnesteif und Vanillezucker steif schlagen. 4 EL Schokoladenraspel unterheben. Erdbeeren waschen, die grünen Kelchblätter entfernen. 8 schöne Früchte zum Garnieren beiseitelegen. Die restlichen Beeren putzen, klein schneiden und unter die Schokosahne heben.

3. Untere Windbeutelhälften mit der Sahne füllen. Ganze Erdbeeren halbieren und mit den restlichen Schokoraspeln auf der Sahne verteilen. Deckel auf die Windbeutel setzen und mit Puderzucker bestäuben.

★ **TAUSCH-TIPP** Abwechslung gefällig? Dann füllen Sie die Windbeutel statt mit Schoko- mit Mandel-Sahne: 3 EL fein geriebene Mandeln und 2 EL Amaretto (Mandellikör) unter die steif geschlagene Sahne mischen.

FÜR 1 BACKBLECH
(40 X 30 CM, 8 STÜCK)
ZUBEREITUNG: 60 MIN.
BACKEN: CA. 25 MIN.
PRO STÜCK CA. 390 KCAL
8 g EW, 28 g F, 26 g KH

1 Grundrezept Brandteig
  (S. 125)
400 g Sahne
1 Päckchen Sahnesteif
2 Päckchen Vanillezucker
5 EL Schokoladenraspel

400 g kleine Erdbeeren
Puderzucker zum
  Bestäuben

ECLAIRS MIT ZITRONENCREME

FÜR 1 BACKBLECH
(30 X 40 CM, 16 STÜCK)
ZUBEREITUNG: 40 MIN.
BACKEN: CA. 20 MIN.
PRO STÜCK CA. 175 KCAL
6 g EW, 9 g F, 18 g KH

1 Grundrezept Brandteig
  (S. 125)
6 Blatt weiße Gelatine
200 g Frischkäse
  (leicht, 40 % Fett)
6 EL Zitronensaft
abgeriebene Schale von
  1 Bio-Zitrone

100 g Zucker
100 g Sahne
3 EL Brombeerkonfitüre
300 g Brombeeren
Puderzucker zum
  Bestäuben

1. Für die Füllung die Gelatine 5 Min. in kaltem Wasser einweichen. Frischkäse mit Zitronensaft, Zitronenschale und Zucker verrühren. Die Sahne steif schlagen.

2. Die Gelatine tropfnass in einen Topf geben, mit 2 EL Wasser erhitzen und unter Rühren auflösen. Die Gelatine rasch unter den Frischkäse rühren. Sahne und Brombeerkonfitüre unterheben. Die Creme kalt stellen.

3. Den Backofen auf 200° (Umluft 180°) vorheizen. Ein Backblech mit Backpapier auslegen. Einen Brandteig wie im Grundrezept (S. 125) beschrieben herstellen. In einen Spritzbeutel mit großer, gezackter Lochtülle füllen und mit Abstand von 5–6 cm 16 etwa 10 cm lange Teigstreifen auf das Blech spritzen. Im Backofen (Mitte) 20–25 Min. backen. Die Brandteigstangen aus dem Ofen nehmen, sofort aufschneiden und auskühlen lassen.

4. Inzwischen die Brombeeren verlesen, kurz abbrausen und trocken tupfen. Die Frischkäsecreme in einen Spritzbeutel mit großer Sterntülle füllen und je 2–3 Streifen auf die unteren Gebäckhälften spritzen. Mit einigen Brombeeren belegen, die obere Gebäckhälfte aufsetzen und die Eclairs mit Puderzucker bestäuben.

SCHOKOKRINGEL MIT MANDARINEN

1. Den Backofen auf 200° (Umluft 180°) vorheizen. Das Backblech mit Backpapier auslegen. Einen Brandteig nach dem Grundrezept (S. 125) herstellen, dabei mit dem Mehl das Kakaopulver hinzufügen. Den Teig in einen Spritzbeutel mit großer Sterntülle füllen und 12 doppelte Ringe von ca. 6 cm Ø auf das Backblech spritzen. Im Ofen (Mitte) 40 Min. backen.

2. Die Brandteigringe aus dem Ofen nehmen und sofort waagrecht halbieren, den Deckel abheben. Auf einem Kuchengitter auskühlen lassen.

3. Inzwischen die Mandarinen schälen und in Spalten teilen, diese dritteln und mit der Aprikosenkonfitüre vermischen. Die Mandarinenmischung auf die Böden der Teigringe verteilen.

4. Die Sahne mit Sahnesteif und Zucker steif schlagen. Den Weinbrand nach Belieben unterrühren. Die Sahne in einen Spritzbeutel mit Sterntülle füllen und jeweils einen doppelten Ring Sahne über die Mandarinenfüllung spritzen. Die Deckel leicht auf die Sahne drücken.

FÜR 1 BACKBLECH
(40 X 30 CM, 12 STÜCK)
ZUBEREITUNG: 60 MIN.
BACKEN: 40 MIN.
PRO STÜCK CA. 240 KCAL
5 g EW, 15 g F, 22 g KH

1 Grundrezept Brandteig (S. 125)
2 EL Kakaopulver
4 Mandarinen (ca. 400 g)
200 g Aprikosenkonfitüre
300 g Sahne

1 Päckchen Sahnesteif
2 EL brauner Zucker
2–3 EL Weinbrand (nach Belieben)

GROSSER BEERENKRANZ MIT KOKOSJOGHURT

1. Den Backofen auf 200° (Umluft 180°) vorheizen. Den Brandteig nach dem Grundrezept (S. 125) herstellen. Ein Backblech mit Backpapier belegen und mit einem Springformrand (26 cm Ø) einen Kreis auf das Papier zeichnen. Mit einem nassen Löffel den Teig dünn daraufstreichen, sodass der Kreis ganz bedeckt ist. Mit einer Gabel mehrmals einstechen.

2. Übrigen Teig in einen Spritzbeutel mit großer Sterntülle füllen und zwei Ringe nebeneinander auf den Rand des Teigkreises spritzen, darauf noch einen weiteren setzen. Im Backofen (Mitte) 35–40 Min. backen. Herausnehmen, die obere Hälfte des Brandteigringes abschneiden.

3. Die Gelatine in kaltem Wasser 5 Min. einweichen. Den Joghurt mit Kokoscreme, Zucker und Limettensaft verrühren. Die Gelatine tropfnass mit 1 EL Wasser in einen kleinen Topf geben und bei milder Hitze auflösen. Mit etwas Kokos-Joghurt verrühren, dann mit der übrigen Joghurtmasse vermischen. Etwa 30 Min. kalt stellen, bis die Creme zu gelieren beginnt.

4. Die Beeren waschen, putzen und verlesen, die Erdbeeren zerkleinern. Die Sahne steif schlagen und unter die Kokoscreme heben. Die Hälfte der Creme in einen Spritzbeutel mit großer Sterntülle füllen und auf den unteren Kuchenboden spritzen, dann die Beeren auf der Sahnecreme verteilen. Die übrige Creme auf den Rand spritzen und die obere Ringhälfte wieder daraufsetzen. Erneut 30 Min. kalt stellen. Mit Puderzucker bestäubt servieren.

FÜR 1 BACKBLECH (30 X 40 CM, 8 STÜCKE)
ZUBEREITUNG: 75 MIN. + 60 MIN. KÜHLEN
BACKEN: CA. 40 MIN.
PRO STÜCK CA. 455 KCAL
10 g EW, 32 g F, 32 g KH

1 Grundrezept Brandteig (S. 125)
6 Blatt weiße Gelatine
300 g Joghurt
100 g gesüßte Kokoscreme (Dose)
50 g Zucker
2 EL Limettensaft
750 g gemischte Beeren (z. B. Erdbeeren, Himbeeren, Blaubeeren, Johannisbeeren)
200 g Sahne
Puderzucker zum Bestäuben

ROSINENKRAPFEN

FÜR 16 STÜCK
ZUBEREITUNG: 50 MIN.
BACKEN: CA. 40 MIN.
PRO STÜCK CA. 160 KCAL
3 g EW, 9 g F, 16 g KH

1 Grundrezept Brandteig
(S. 125)
1/2 TL Backpulver
50 g Walnusskerne
100 g Rum-Rosinen (Fertigprodukt)

1–1,5 kg Pflanzenfett
oder Öl zum Frittieren
75 g feiner Zucker
1 Päckchen Vanillezucker

1. Einen Brandteig nach dem Grundrezept (S. 125) her-stellen. Zum Schluss das Backpulver zufügen. Die Nüsse grob hacken und mit den Rosinen unterrühren.

2. Das Pflanzenfett in einer Fritteuse oder einem hohen Topf auf 180° erhitzen. Es ist heiß genug, wenn an einem hineingehaltenen Holzstiel Bläschen aufsteigen.

3. Einen Esslöffel in das heiße Fett tauchen und damit pro Krapfen etwa 1 EL von der Brandteigmasse abstechen. Jeweils einige Teigstücke in das heiße Fett geben und in 8–10 Min. goldbraun ausbacken, dabei öfters wenden. Auf diese Weise nacheinander Krapfen backen, bis der Teig verbraucht ist.

4. Den Zucker und den Vanillezucker auf einem tiefen Teller mischen. Die Krapfen mit einer Schaumkelle aus dem Fett heben, abtropfen lassen und in der Zucker-mischung wälzen. Im Ofen bei 100° (Umluft 80°) warm stellen, bis alle fertig gebacken sind.

★ TAUSCH-TIPP Für herzhafte Maiskrapfen statt der Rosinen und Nüsse 140 g abgetropfte Maiskörner (Dose) und 1 fein gewürfelte rote Peperoni unter den Brandteig heben. Mit zusätzlich 1/2 TL Salz und 1/2 TL rosenschar-fem Paprikapulver würzen.

CHURROS – SPANISCHES SPRITZGEBÄCK

FÜR 32 STÜCK
ZUBEREITUNG: 50 MIN.
BACKEN: CA. 30 MIN.
PRO STÜCK CA. 55 KCAL
1 g EW, 4 g F, 5 g KH

1 Grundrezept Brandteig (S. 125)
1/2 TL Backpulver

1–1,5 kg Pflanzenfett oder Öl zum Frittieren
3 EL Zucker

1 TL Zimtpulver
Öl für das Backpapier

1. Einen Brandteig nach dem Grundrezept (S. 125) zubereiten, dabei das Backpulver zum Schluss unterrühren. Aus Backpapier acht Quadrate à 20 x 20 cm schneiden und mit Öl bepinseln. Den Teig in einen Spritzbeutel mit mittlerer Sterntülle füllen und auf das Papier mit 2–3 cm Abstand voneinander je 4 Schlaufen oder Streifen von 12–15 cm Länge spritzen.

2. Das Pflanzenfett oder Öl in einer Fritteuse oder einem Topf auf 170° erhitzen. Das Backpapier anheben und umdrehen. Die Churros nach und nach vorsichtig mit der Oberseite nach unten in das Fett tauchen. Ein paar Sekunden mit dem Papier im Fett lassen, dann lösen sich die Spritzkuchen leicht vom Papier. In 3–4 Min. unter Wenden goldbraun backen. Herausnehmen und auf Küchenpapier gut abtropfen lassen. So weiterverfahren, bis der Teig verbraucht ist. Zucker und Zimt mischen und die Churros darin wenden.

HERZHAFT GEFÜLLTE PROFITEROLES

1. Den Backofen auf 200° (Umluft 180°) vorheizen. Den Brandteig nach dem Grundrezept (S. 125) zubereiten. Das Backpulver unter den etwas abgekühlten Teig rühren.

2. Ein Backblech mit Backpapier belegen. Den Brandteig in einen Spritzbeutel mit kleiner Sterntülle füllen und 18–20 walnussgroße Rosetten mit etwas Abstand auf das Blech spritzen. Im heißen Backofen (Mitte) 12–15 Min. backen. Sofort nach dem Backen von jedem Windbeutel einen kleinen Deckel abschneiden. Ausdampfen und abkühlen lassen.

3. Inzwischen für die Füllung den Gorgonzola mit dem Frischkäse vermischen und mit Salz und Pfeffer würzen. Die Sahne mit Sahnesteif steif schlagen und unter die Käsemasse heben. Diese in einen Spritzbeutel mit kleiner Tülle füllen und auf die unteren Hälften der Windbeutel spritzen. Obere Windbeutelhälfte daraufsetzen.

★ VARIANTE Anstelle der Gorgonzolacreme eine Tomaten-Ziegenkäsecreme zum Füllen verwenden: 120 g Ziegenfrischkäse mit Salz und Pfeffer cremig verrühren. 50 g getrocknete Tomaten in Öl gut abtropfen lassen, dann fein würfeln. 125 g Sahne mit 1 TL Sahnesteif steif schlagen und unterheben.

FÜR 1 BACKBLECH (30 X 40 CM, 18–20 STÜCK)
ZUBEREITUNG: 50 MIN.
BACKEN: CA. 15 MIN.
BEI 20 STÜCK PRO STÜCK CA. 90 KCAL
3 g EW, 7 g F, 3 g KH

1/2 Grundrezept Brandteig (S. 125)
1/2 gestrichener TL Backpulver
125 g Gorgonzola
100 g Doppelrahm-Frischkäse
Salz
schwarzer Pfeffer
125 g Sahne
1 TL Sahnesteif

BACKEN MIT FERTIGTEIGEN

CRASHKURS FERTIGTEIGE

Pizzateig gibt's backfertig zubereitet und auf Backpapier ausgerollt. Einfach auspacken, belegen und ab in den Ofen!

Blätterteig ist tiefgekühlt in Scheiben in verschiedenen Größen erhältlich. Prima für süßes und herzhaftes Gebäck.

Strudelteig wird bereits hauchdünn gezogen angeboten. Weiterer Vorteil: Er lässt sich süß oder pikant füllen.

Plunderteig Der frische Hefebutterteig ist ein Multitalent: ideal für Croissants und blättriges Kleingebäck.

BACKHILFE AUF DIE SCHNELLE

Ob überraschend Besuch kommt oder Spontanlust auf Gebäck erwacht – mit fertigen Teigen aus dem Kühlregal oder Gefrierfach sind Sie gut bedient. Auspacken, nach Gusto belegen und backen! Sie sparen viel Zeit, und Ihre Gäste machen große Augen…

Strudelteig muss nicht mehr ausgezogen werden. Sie benötigen nur ein Geschirrtuch als Teigunterlage zum Aufrollen und zerlassene Butter zum Bestreichen. Darauf kommt ganz nach Wunsch eine süße oder pikante Fülle.

Mürbeteig Frisch und rechteckig auf Backpapier ausgerollt ist er eine knusprig-süße Unterlage für Obst oder Rahmguss. Der Teig wird gern für Blechkuchen verwendet, eignet sich aber auch prima zum Ausstechen von Plätzchen.

Blätterteig Rechteckige oder quadratische Scheiben gibt's in der Tiefkühltruhe. 10 Min. auftauen lassen und niemals verkneten, sonst verlieren sie ihre blättrige Struktur. Eine tolle Alternative: frischer Blätterteig auf Backpapier ausgerollt, ideal für kleine, luftige Gebäckstücke. Sie können süß oder salzig sein, da Blätterteig keinen Zucker enthält.

Plunderteig vereint die Vorzüge von luftigem Hefeteig und knusprigem Blätterteig, braucht aber zur Herstellung seine

Zeit. Frischer Plunderteig aus dem Kühlregal ist fertig, sogar schon in Blechgröße auf Backpapier ausgerollt. Einfach entrollen, zurechtschneiden, ideenreich belegen und backen: Croissants, Taschen, Schnecken, Dreiecke, süß oder pikant.

Hefeteig »von der Rolle« gibt es im Kühlregal süß und frisch auf Backpapier in Blechgröße ausgerollt. Dieser Klassiker eignet sich besonders gut als lockere Basis für saftiges Obst.

Pizzateig gibt es backfertig auf Backpapier ausgerollt. Oft ist auch die Tomatensauce dabei. Perfekt für Blitz-Pizza!

Filo- oder Yufkateig Die hauchdünn ausgerollten, runden oder eckigen Teigblätter finden Sie im Kühlregal im Supermarkt oder im griechischen Lebensmittelladen als Filo-Teig. Beim türkischen Händler heißt er Yufkateig. Ideal für süße oder herzhafte Knusper-Snacks, zum Backen und Frittieren.

FERTIGTEIG: FIX UND SPIELEND LEICHT

Der Vorteil von Fertigteig: Hände und Rührgeräte bleiben sauber, die Teige sind schon ausgerollt, Backpapier ist mit im Paket. Legen Sie also einen kleinen Vorrat in der Gefriertruhe an: Denn Fertigteige sind auch zum Einfrieren geeignet. Vor der Verwendung 60–90 Min. bei Raumtemperatur auftauen lassen. Nach dem Auftauen aber nicht nochmals einfrieren.

1. APFELSTRUDEL

1. 1 Packung Strudelteig (ca. 100 g) entfalten und auf ein mit wenig Mehl bestäubtes Küchentuch legen. Mit 1 EL flüssiger Butter einpinseln.

2. Den Teig mit 400 g Apfelstücken, mit 50 g Zucker, 60 g Rosinen und 30 g gehackten Nüssen vermischt, belegen. Am Rand 2 cm freilassen.

3. Den Strudel mit Hilfe des Tuchs aufrollen und aufs Blech legen. Mit flüssiger Butter bestreichen und 25 Min. backen (200°; Umluft 180°).

2. QUARKTASCHEN

1. 10 quadratische TK-Blätterteigplatten (450 g) nebeneinander auf die Arbeitsfläche legen und in 10 Min. auftauen lassen.

2. 200 g Quark mit 80 g Zucker, 1 Eigelb, 1 EL Speisestärke und 20 g flüssiger Butter verrühren. Je 1–2 EL davon in die Mitte der Platten geben.

3. Die Ecken mit Eigelb bestreichen und zur Mitte falten. Mit Eigelb-Milch bestreichen. Im Ofen (Mitte; 220°, Umluft 200°) 15 Min. backen.

3. CROISSANTS

1. 1 Packung Plunderteig (400 g) auf der Arbeitsfläche ausbreiten, erst in 8 Rechtecke (à ca. 12 x 9 cm), dann diese in Dreiecke schneiden.

2. Je 1 TL Nougatcreme an die Schmalseite setzen, mit je 1 TL gemahlenen Haselnüssen bestreuen. Dreiecke zur Spitze hin aufrollen.

3. Auf mit Backpapier belegtem Blech zu Hörnchen biegen, mit Eigelb-Milch bepinseln. Im Ofen (180°, Umluft 160°, Mitte) 20 Min. backen.

KIRSCH-**STRUDEL**SÄCKCHEN

FÜR 1 BACKBLECH
(40 X 30 CM, 20 STÜCK)
ZUBEREITUNG: 45 MIN.
BACKEN: CA. 30 MIN.
PRO STÜCK CA. 140 KCAL
3 g EW, 8 g F, 13 g KH

10 Blätter Strudelteig-
   blätter
   (250 g; à ca. 30 x 30 cm;
   ersatzweise Filo- oder
   Yufkateig)
130 g Butter
250 g Ricotta
75 g Zucker

2 Eigelbe
1 EL Vanille-Puddingpulver
1 Glas Sauerkirschen
   (175 g Abtropfgewicht)
Puderzucker zum
   Bestäuben
AUSSERDEM:
Backpapier für das Blech

1. Die Strudelteigblätter aus der Packung nehmen und nach Packungsangabe vorbereiten. Die Butter in einem kleinen Topf schmelzen und abkühlen lassen.

2. Backofen auf 180° (Umluft 160°) vorheizen. Für die Füllung den Ricotta mit 50 g zerlassener Butter, Zucker, Eigelben und Vanille-Puddingpulver verrühren. Kirschen in einem Sieb gut abtropfen lassen und unterheben.

3. Das Blech mit Backpapier belegen. Die Strudelteigblätter jeweils in vier etwa 15 x 15 große Quadrate schneiden und diese mit 2 EL zerlassener Butter bestreichen. Je zwei Teigquadrate aufeinanderlegen und in die Mitte jeweils 2 TL Füllung geben. Die Ecken über der Füllung fest zusammendrücken, sodass Säckchen entstehen.

4. Die Säckchen auf das Blech stellen, mit etwas Butter bestreichen und im Ofen (Mitte) 25–30 Min. backen. Auf einem Gitter abkühlen lassen. Vor dem Servieren mit Puderzucker bestäuben.

★ VORRATS-TIPP Die Strudelsäckchen lassen sich sehr gut einfrieren und sollten vor dem Servieren nochmals kurz aufgebacken werden.

HIMBEER-
PLUNDERTASCHEN

1. Den Plunderteig auf der Arbeitsfläche auf dem Backpapier entrollen. Mit einem Glas oder Ausstecher 10 Kreise (10 cm Ø) ausstechen, dabei Teigabschnitte nach Bedarf zusammenfügen.

2. Den Backofen auf 180° (Umluft 160°) vorheizen. Ein Backblech mit Backpapier belegen. Das Marzipan raspeln und mit 1 Eiweiß, Puderzucker und der abgeriebenen Zitronenschale mit den Quirlen des Handrührgeräts cremig rühren.

3. Von der Marzipanmasse je 2 TL auf die eine Hälfte aller Teigkreise geben. Die Himbeeren verlesen und darauf verteilen. Die Teigränder mit dem übrigen Eiweiß bestreichen. Die Teigkreise zur Hälfte umklappen und mit einer Gabel festdrücken. Eigelb und Milch verrühren, die Halbmonde damit bestreichen und mit den Mandelblättchen bestreuen.

4. Die Teilchen auf das Backblech legen. Im Ofen (Mitte) 15–20 Min. backen. Auf einem Kuchengitter auskühlen lassen und mit Puderzucker bestäuben.

FÜR 1 BACKBLECH
(40 X 30 CM, 10 STÜCK)
ZUBEREITUNG: 40 MIN.
BACKEN: CA. 20 MIN.
PRO STÜCK CA. 265 KCAL
7 g EW, 8 g F, 41 g KH

400 g Plunderteig (Fertigprodukt; Kühlregal)
100 g Marzipanrohmasse
2 Eiweiße und 1 Eigelb
4 EL Puderzucker
1/2 TL abgeriebene Schale von einer Bio-Zitrone
150 g Himbeeren

2 EL Milch
30 g gehobelte Mandeln
Puderzucker zum Bestäuben
AUSSERDEM:
Backpapier für das Blech

SCHOKO-SCHWEINSÖHRCHEN

FÜR 2 BACKBLECHE
(À 40 X 30 CM, 100 STÜCK)
ZUBEREITUNG: 60 MIN.
+ 30 MIN. KÜHLEN
BACKEN: 2 X 20 MIN.
PRO STÜCK CA. 35 KCAL
0 g EW, 2 g F, 4 g KH

6 rechteckige Scheiben
  TK-Blätterteig (450 g)
200 g Zucker
3–4 EL Milch
150 g Zartbitter-Kuvertüre
AUSSERDEM:
Backpapier für die Bleche

1. Die Blätterteigplatten nebeneinander 10 Min. auftauen lassen. Etwas Zucker auf die Arbeitsfläche streuen.
Jede Teigplatte (10 x 20 cm) einzeln mit einer Teigrolle
gleichmäßig nach allen Seiten bis zu einer Größe von
ca. 15 x 23 cm ausrollen. Mit Milch bestreichen, Zucker
daraufstreuen und in den Teig drücken. Die Längsseiten
der Teigplatten jeweils dreimal zur Mitte hin einschlagen,
bis sich die Falzkanten berühren, dabei immer wieder
leicht andrücken. Teigpakete 30 Min. kalt stellen.

2. Den Backofen auf 200° (Umluft 180°) vorheizen. Zwei
Backbleche mit Backpapier belegen. Teigpakete quer in
1 cm dicke Scheiben schneiden, mit genügend Abstand
auf die Bleche setzen. Im Ofen (2. Schiene von unten)
nacheinander (bei Umluft zusammen) in jeweils 15 Min.
goldbraun backen. Gebäck wenden, noch 5 Min. backen.
Auf einem Gitter auskühlen lassen.

3. Die Kuvertüre hacken und im heißen Wasserbad bei
milder Hitze schmelzen (S. 155). Die Schweinsohren
jeweils mit der Spitze hineintauchen und auf einem
Kuchengitter erstarren lassen.

★ DAS SCHMECKT DAZU Die Schweinsöhrchen sind
ein willkommenes Schmankerl zum nachmittäglichen
Kaffee oder Tee.

APRIKOSEN-WINDMÜHLEN

FÜR 2 BACKBLECHE
(À 40 X 30 CM, 12 STÜCK)
ZUBEREITUNG: 30 MIN.
BACKEN: 2 X 20 MIN.
PRO STÜCK CA. 175 KCAL
2 g EW, 10 g F, 21 g KH

6 rechteckige Scheiben
  TK-Blätterteig (450 g)
50 g Rohmarzipan
12 Aprikosenhälften (Dose)

4 EL Aprikosenkonfitüre
  ohne Fruchtstücke
Holzstäbchen zum
  Fixieren

AUSSERDEM:
Backpapier für die Bleche

1. Teigscheiben nebeneinander 10 Min. antauen lassen. Jede quer halbieren, sodass zwölf Quadrate (ca. 9 x 9 cm) entstehen. Von den Ecken aus 4 cm zur Mitte hin einschneiden.

2. Backofen auf 200° (Umluft 180°) vorheizen. Das Marzipan in sechs Scheiben schneiden, diese halbieren und je ein Scheibchen in die Mitte auf jedes Teigstück legen. Die Aprikosen-hälften mit der Rundung nach oben daraufsetzen. Jede zweite Teigspitze über die Aprikose legen und eine Mühle formen. Die Teigspitzen mit einem Holzstäbchen feststecken.

3. Zwei Backbleche mit Backpapier belegen und die Windmühlen daraufsetzen, im Back-ofen (Mitte) nacheinander (bei Umluft zusammen) in 20 Min. goldbraun backen. Konfitüre verrühren und auf das heiße Gebäck streichen.

★ TUNING-TIPP Die Windmühlen noch mit 50 g fein gehackten Pistazien bestreuen.

SPIEGEL**EI-KUCHEN**

1. Den Quark in ein Sieb geben und 10 Min. abtropfen lassen, dann mit dem Puderzucker, Vanillezucker und 2 Eigelben verrühren. Die Aprikosen in ein Sieb geben und gut abtropfen lassen.

2. Den Backofen auf 180° (Umluft 160°) vorheizen. Den Plunderteig aus der Packung nehmen und mit dem Backpapier auf einem Blech entrollen.

3. Das Ei verquirlen und den Teig damit bestreichen. Von der Quarkmasse mit einem Esslöffel 18 Kleckse mit etwas Abstand nebeneinander auf den Teig setzen. Je 1 Aprikosenhälfte mit der gewölbten Seite nach oben auf die Quarkmasse setzen. Den Kuchen im Backofen (Mitte) 15–20 Min. backen.

4. Konfitüre und Zitronensaft verrühren, erwärmen und durch ein Sieb passieren. Sofort nach dem Backen auf die Aprikosen streichen (s. S. 156). Den Kuchen auskühlen lassen und in Schnitten schneiden.

Dieses und viele weitere
küchen götter
Rezepte finden Sie auf küchengötter.de

FÜR 1 BACKBLECH
(40 X 30 CM, 18 STÜCKE)
ZUBEREITUNG: 30 MIN.
BACKEN: CA. 20 MIN.
PRO STÜCK CA. 121 KCAL
6 g EW, 3 g F, 19 g KH

400 g Magerquark
4 EL Puderzucker
1 Päckchen Vanillezucker
2 Eigelbe und 1 Ei
1 Dose Aprikosenhälften
  (240 g Abtropfgewicht)

400 g Plunderteig (Fertigprodukt; Kühlregal)
100 g Aprikosen-
konfitüre
2 EL Zitronensaft

SÜSSE OBSTPIZZA

FÜR 1 BACKBLECH
(40 X 30 CM, 8 STÜCKE)
ZUBEREITUNG: 25 MIN.
+ 30 MIN. RUHEN
BACKEN: CA. 20 MIN.
PRO STÜCK CA. 305 KCAL
8 g EW, 15 g F, 36 g KH

400 g Hefeteig (25 x 40 cm;
   Fertigprodukt; Kühlregal)
1 kleiner rotschaliger Apfel
1 kleine Birne

3–4 reife Aprikosen
   (ca. 150 g)
100 g Brombeeren
150 g Crème fraîche

125 g Mozzarella
50 g brauner Zucker
30 g Pinienkerne

1. Den Teig auspacken und mit dem Backpapier auf einem Blech entrollen. 30 Min. ruhen lassen, dann mit einer Gabel mehrmals einstechen.

2. Den Backofen auf 220° (Umluft 200°) vorheizen. Den Apfel waschen, die Birne schälen, beide vierteln, entkernen und in Spalten schneiden. Die Aprikosen waschen, halbieren, entsteinen und ebenfalls in Spalten schneiden. Die Brombeeren verlesen.

3. Den Hefeteig mit der Crème fraîche bestreichen, den Rand dabei freilassen. Die Früchte gleichmäßig auf der Creme verteilen. Den Mozzarella in kleine Würfel schneiden und die »Pizza« damit belegen. Zucker und Pinienkerne darüberstreuen. Im Ofen (Mitte) 15–20 Min. backen. Lauwarm servieren.

GEWÜRZ-KÄSESTANGEN

1. Die Blätterteigscheiben nebeneinander 10 Min. auftauen lassen. Den Backofen auf 200º (Umluft 180º) vorheizen. Zwei Backbleche mit Backpapier belegen.

2. Inzwischen den Käse entrinden und reiben. Anissamen mit Paprikapulver und Pfeffer mischen und die Hälfte der Würzmischung mit dem Käse vermengen.

3. Die Eigelbe mit der Milch verrühren und die Teigplatten damit bestreichen. Die Käsemischung auf drei Teigplatten streuen, dabei jeweils 1 cm Rand frei lassen. Die restlichen drei Teigplatten jeweils Kante auf Kante mit der bestrichenen Seite nach unten darauflegen und gut andrücken.

4. Jedes Päckchen längs in sechs gleich große Streifen schneiden, diese spiralförmig verdrehen und auf die Bleche legen, die Enden etwas andrücken.

5. Die Käsestangen mit der übrigen Eiermilch bestreichen, mit den restlichen Gewürzen bestreuen und nacheinander (bei Umluft zusammen) im Backofen (Mitte) in 15 Min. goldbraun backen.

FÜR 2 BACKBLECHE
(À 40 X 30 CM, 18 STÜCK)
ZUBEREITUNG: 30 MIN.
BACKEN: 2 X 15 MIN.
PRO STÜCK CA. 125 KCAL
3 g EW, 9 g F, 8 g KH

6 rechteckige TK-Blätterteigplatten (450 g)
100 g Greyerzer
3 TL Anissamen
2 TL edelsüßes Paprikapulver

1 TL frisch gemahlener schwarzer Pfeffer
2 Eigelbe
4 EL Milch
AUSSERDEM:
Backpapier für die Bleche

PILZPÄCKCHEN

FÜR 1 BACKBLECH
(40 X 30 CM, 8 STÜCK)
ZUBEREITUNG: 35 MIN.
BACKEN: CA. 20 MIN.
PRO STÜCK CA. 385 KCAL
10 g EW, 14 g F, 53 g KH

150 g Champignons
2 Schalotten
1 Knoblauchzehe
1 EL Olivenöl
1/2 Bund Petersilie
125 g Doppelrahm-Frischkäse

Salz
schwarzer Pfeffer
400 g fertig ausgerollter
    Pizzateig (ca. 27 x 36 cm;
    Kühlregal)
1 Eiweiß

1. Für die Füllung die Champignons abreiben, putzen und in kleine Würfel schneiden. Schalotten und Knoblauch schälen und ebenfalls fein würfeln. Das Öl in einer Pfanne erhitzen. Schalotten, Knoblauch und Pilze darin 3–4 Min. braten, dann abkühlen lassen.

2. Den Backofen auf 220° (Umluft 200°) vorheizen. Die Petersilie waschen und trocken schütteln, die Blätter abzupfen und hacken. Mit dem Frischkäse unter die Pilze mischen, salzen und pfeffern. Den Pizzateig aus der Packung nehmen und mit dem Backpapier entrollen.

3. Den Teig in acht Rechtecke von ca. 13 x 9 cm Größe schneiden. Die Füllung auf jeweils einer Teighälfte verteilen, dabei 1 cm Rand lassen. Die Ränder mit Eiweiß bepinseln, den Teig zusammenklappen und die Ränder mit einer Gabel zusammendrücken. Die Teigtaschen samt Backpapier auf ein Blech legen und im Backofen (Mitte) 15–20 Min. backen.

★ PROFI-TIPP Statt im Ofen können Sie Teigtaschen auch in reichlich Öl oder Pflanzenfett in einer Fritteuse oder einem hohen Topf bei 180° nacheinander in jeweils 8 Min. goldbraun ausbacken.

GRIECHISCHE SPINATPASTETE – SPANAKOPITA

1. Die Teigblätter auf einem leicht befeuchteten Geschirrtuch ausbreiten und mit einem trockenen Tuch abdecken, damit sie nicht austrocknen. 10 Min. ruhen lassen.

2. Inzwischen die Zwiebeln schälen und in feine Streifen schneiden. Den Knoblauch schälen und fein würfeln. 3 EL Öl in einem breiten Topf erhitzen und Zwiebeln und Knoblauch darin glasig braten. Den gefrorenen Spinat und 50 ml Wasser hinzufügen und zugedeckt bei mittlerer Hitze 10–12 Min. dünsten. Gelegentlich umrühren. Vom Herd nehmen und etwas abkühlen lassen.

3. Den Schafkäse in kleine Würfel schneiden. Die Eier verquirlen. Beides unter die Spinatmasse heben, salzen und pfeffern.

4. Den Backofen auf 180° (Umluft 160°) vorheizen. Die Fettpfanne des Ofens einölen. 6 Teigblätter mit Olivenöl bestreichen und die Fettpfanne damit auslegen, die Ränder überhängen lassen.

5. Die Spinatmasse auf die Teigblätter verteilen. Die Tomaten waschen, halbieren und darauflegen. Überstehende Teigblätter auf die Fülle klappen. Die restlichen Teigblätter obenauf legen. Den Thymian abbrausen, die Blätter abrebeln, auf die Pastete streuen und mit dem übrigen Olivenöl beträufeln. Im Ofen (Mitte) in 35 Min. goldgelb backen.

FÜR 1 TIEFES BACKBLECH (40 X 30 CM, 4–6 STÜCKE)
ZUBEREITUNG: 30 MIN.
BACKEN: 35 MIN.
BEI 6 STÜCKEN PRO STÜCK CA. 241 KCAL
13 g EW, 19 g F, 4 g KH

250 g Filo- oder Yufkateig (10 Blätter)
2 Zwiebeln
2 Knoblauchzehen
5 EL Olivenöl
750 g TK-Blattspinat
200 g Schafkäse (Feta)
3 Eier
Salz
schwarzer Pfeffer
6 Kirschtomaten
6–8 Zweige Thymian
Olivenöl für das Blech
   und zum Bestreichen

IMPRESSUM

DIE AUTORIN

Martina Kittler Die Diplom-Oecotrophologin kocht und backt leidenschaftlich gerne. Als Food-Autorin und Mutter zweier Kids im Teenager-Alter widmet sie sich bevorzugt familiengerechten Themen. Ihre Spezialität sind unkomplizierte, alltagstaugliche Rezepte, die sie mit viel Fantasie und pfiffigen Ideen zu kreieren weiß. So stammen aus ihrer Feder so erfolgreiche Titel wie *Kochen für die Familie, Backen für die Familie* (als Mit-Autorin), *Wok* und *Crashkurs Kochen*.

FOTOPRODUKTION

Eising Foodphotography
Fotografie: Martina Görlach
Foodstylisten: Michael Koch, Sven Dittmann, Christina Kempe
Assistenz: Andrea Holzer, Bettina Hutzl

© 2009 GRÄFE UND UNZER VERLAG GmbH, München

Alle Rechte vorbehalten. Nachdruck, auch auszugsweise, sowie Verbreitung durch Bild, Funk, Fernsehen und Internet, durch fotomechanische Wiedergabe, Tonträger und Datenverarbeitungssysteme jeder Art nur mit schriftlicher Genehmigung des Verlages.

Redaktion: Alessandra Redies

Lektorat: Claudia Lenz

Korrektorat: Waltraud Schmidt

Umschlaggestaltung und Layout: independent Medien-Design, München, Martha Olesniewicz

Herstellung: Petra Roth

Satz: Knipping Werbung GmbH, Berg/Starnberg

Reproduktion: Repromayer, Reutlingen

Druck: Firmengruppe APPL, aprinta druck, Wemding

Bindung: Firmengruppe APPL, sellier druck, Freising

ISBN: 978-3-8338-1851-6

1. Auflage 2009

Die **GU-Homepage** finden Sie unter **www.gu-online.de**.

GRÄFE UND UNZER

Ein Unternehmen der
GANSKE VERLAGSGRUPPE